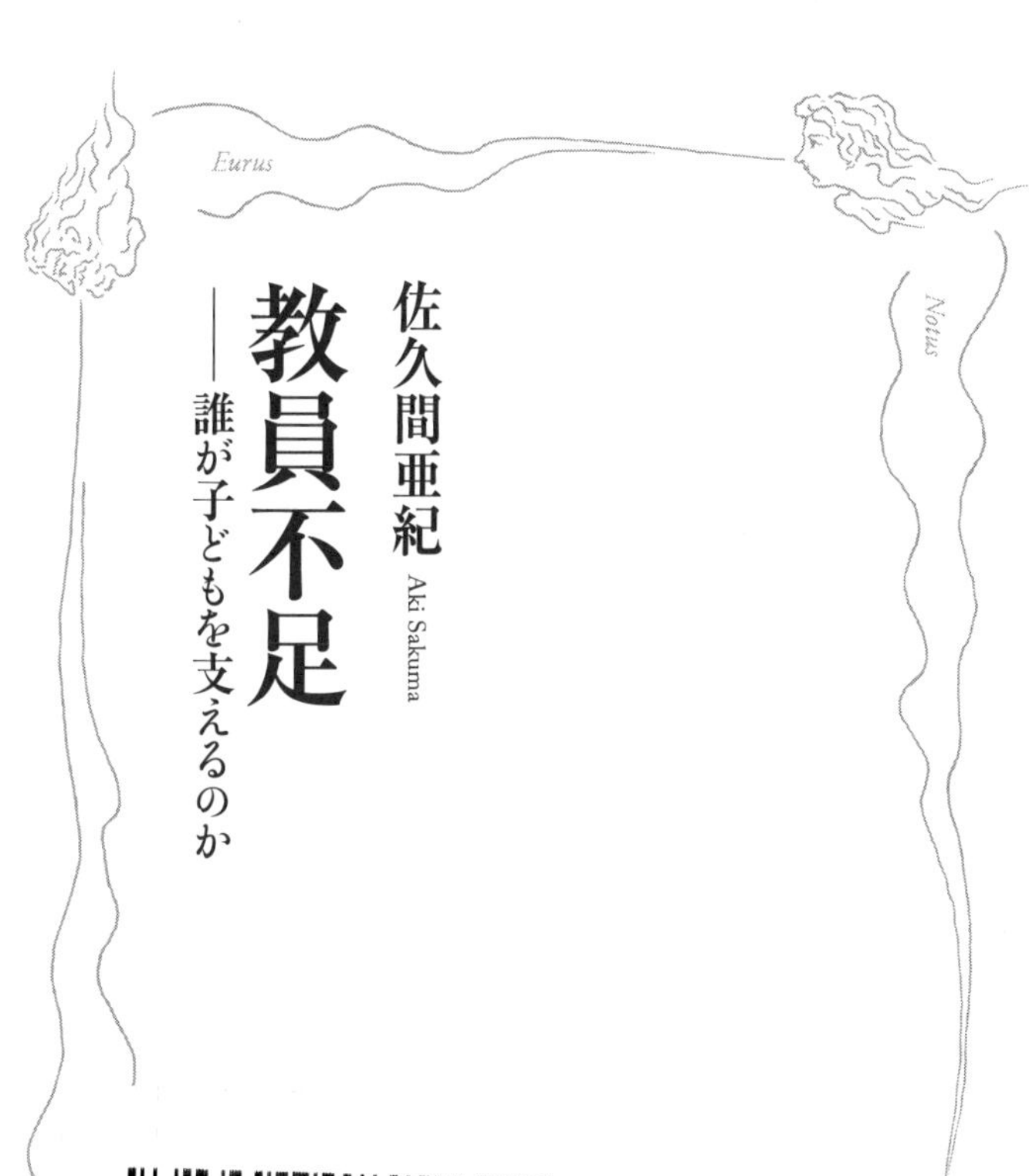

教員不足
――誰が子どもを支えるのか

佐久間亜紀
Aki Sakuma

岩波新書
2041

はじめに

教員不足という言葉は、この数年間で一気に知られるようになった。しかし、それは社会問題として言葉が認知されたにすぎず、教員不足という言葉が何を意味しているのかが、きちんと理解されたわけではないだろう。例えば、最近はどこの業界も人手不足だから教員も不足して当然だ、と言う人も少なくないが、常識的に考えれば、少子化が急激に進んでいるのだから教員需要も急激に減っているはずである。それなのに、なぜいま、教員不足なのか？

学校現場で、先生が見つからないという話を私が耳にしはじめたのは約二〇年前、二〇〇〇年代の半ばくらいからだった。この事態が最初にマスメディアで報道されたのは、二〇〇八年のNHK「教育に穴が空く――〝非正規〟教員　依存のひずみ」（「クローズアップ現代」二〇〇八年二月六日放送）だったといわれている。その後二〇一一年になって、全国紙で初めて『朝日新聞』が「先生欠員　埋まらない産育休・病休で　全国八〇〇件超　自習も」と報じた（二〇一一年一月一〇日付）。二〇一六年頃からは、各地の地方紙が地域の教員不足を報道しはじめ、私にも取材申し込みが来るようになった。『地方議会人』などの専門誌からの依頼も来たため、原稿でも教員不足問題を訴えるようになった。

各地で教員不足は悪化していったが、地方自治の原則のもと、文部科学省（以下、文科省）は静観を続け、全国調査は行われなかった。二〇一七年には、NHKが初めて独自の全国調査を実施し、二〇一八年には共同通信もそれに続いた。しかし、民間の調査では、回答しない都道府県・政令指定都市も多く、統計的に意味があるデータをとるのは難しい。その間にも、教師になった教え子たちからは、現場の過酷な実態が私のもとに寄せられ続けていた。

そこで、迷いに迷った末、私は二〇一九年にインターネット上の媒体に「先生が足りない！」という四本の連載記事を投稿し、一般読者に対して学校現場の実態を紹介しながら、緊急の対策と全国調査の必要性を訴えた。この記事は、正確にはわからないがおよそ二〇万回以上閲覧されたようで、一般の人々から「初めて学校内部の実情を知った」「まさか日本の学校で先生が足りないなんて」という反響が寄せられた。学校現場では広く知られた事実も、学校の外にはほとんど知られていなかったことが実感された。

これほど報道されれば、文科省も教員不足対策に向けて動いてくれるに違いない。そう期待したのも束の間、新型コロナウィルス感染症の大流行に見舞われた。二〇二〇年二月末には突然全国一斉休校が開始され、もともと人手不足にあえいでいた学校は、さらなる混乱に翻弄された。日本の学校にはオンライン授業ができるような設備投資はなされていなかったし、四〇人学級は対面授業を再開するには過密すぎて、学校を再開できる見通しが立たない状況が続いた。

多くの自治体や学校は独自の工夫を重ね、子どもを二つのグループに分けて、午前と午後に分割して登校させ、少人数で授業を行うなどの対応に追われた。同じ授業を一日に二回行わなければならないため、教員の負担はさらに増えたが、その一方で、子どもたちからは「少人数だと、先生の話がよく聞こえる」「授業中にも質問しやすい」と喜ぶ声が多く聞かれるようになった。こうした経験をもとに、子どもや保護者から、「教室の過密状態を改善してほしい」という声が全国でますます高まったのである。

この新型コロナウイルス感染症がもたらした影響を追い風にして、ようやく二〇二〇年一二月に、麻生太郎財務相(当時)と萩生田光一文部科学相(当時)が、公立小学校の一クラスの人数について、二〇二五年度までに三五人以下に移行することで合意し、二〇二一年三月に国会で正式決定されるに至った。小学校のみとはいえ、国が三五人学級化を決めたということは、約四〇年ぶりに正規雇用教員を増やす予算が確保されたことも意味するため(第2章参照)、教員たちは歓喜してこのニュースを受け止めた。

ところが、である。事前の計画もなく突然三五人学級を実現することになった結果、増えた学級分の正規雇用教員を採用するには間に合わず、非正規雇用教員も不足して、各地の学校は大混乱に陥った。そして、今度は政治家が「教員が不足しているのだから、もう中学校の三五人学級は無理だね」などと言いはじめたという話が、私の耳にも入ってきた。教員が足りないと訴えてもまともな調査すら行われず、長い間放置されてきたのに、やっと対策が行われそうになると、今度は教員が足りないから対策はできないと言う。いったいこの国の教育政策はどこまで迷走するのか。言いようのない思いに駆られた。

しかし、正直に告白すれば、私自身が教員不足問題の研究に正面から取り組むことにはためらいがあった。私は教職や教師教育の歴史を主な専門としており、現代日本の教員配置の実態について詳しく研究してきたわけではなかったからである。それにもかかわらず、新しい領域へと一歩を踏み出すことにしたのは、この問題が学校現場の子どもや教師にとって、待ったなしの深刻な問題であるからに他ならない。

少しずつ先行研究に学びはじめると、いままで重要な知見が蓄積されてきている一方で、教員配置に関する学術的研究は、子どもや教員の側からではなく、むしろ教員を配置する行政側の目線で行われてきたものも多いことがみえてきた。将来的に何人の教員が必要になるのかという、教員需要の見通しを算出してきた諸研究についても、教育の内容や方法という重要な要素が、ほとんど考慮されずに計算されていたこともわかってきた。そして、教員不足という問題が、どれほど複合的で領域横断的な課題であるかが痛感された。それならば、私なりの立場から取り組んでみることも許されるのではないか。いやむしろ、教育研究者であればみんなで越境し合いつつ、この複合的な問題に取り組む責務があるのではないか。

そこで、タコツボ化した研究領域から飛び出して、教育政策や行政に関する研究と、教育実践や教職に関する研究とを切り結び、少しでもこの問題の解決に貢献しようと取り組んできた。その成果が、本書である。したがって、以下三点が本書のオリジナリティである。まず、教員を配置する側からではなく、教員を配置される学校現場の側、つまりは子どもと教員の立場から、教員配置政策について論じた。また、この問題は教育の問題であるだけでなく、広く社会の根幹に関わる問題でもあると考え、できるだけ多くの人々に理解していただけるような言葉で表現するよう努めた。さらに、私の専門とするアメリカとの比較の視点を取り入れた。この三つがどれほど成功しているかは、読者の評価に委ねたい。

本書は以下のように構成してある。まず、第1章では、教員不足とはいったい何のどんな状態のことなのか、文科省の定義がどのような混乱を生じさせているのかを整理し、教員不足の再定義を試みた。第2章では、必要な教員数がどのように決定されるのかの仕組みを読者の皆さんと共有し、立ち位置によって教員不足がまったく異なってとらえられることを明らかにした。第3章では、第1・2章の検討を踏まえて、ある自治体を対象に佐久間研究室が実施した調査データにもとづきながら、学校内で子どもたちが経験している教員不足の実態を明らかにした。

第4章と第5章では、なぜ、どのようにして、これほど深刻な教員不足が日本にもたらされたのか、この二〇年の経緯を明らかにした。そして第6章で、いったいいま、どのような対応が求められるかについて、私なりに具体的な提言を行っている。

しかし現実的には、大幅に教育予算が増える将来は見通せない。それゆえ第7章では、このまま教員不足問題が放置されると、いったい日本社会はどうなってしまうのかを、アメリカの公立学校の現状を手がかりに考えた。最後に第8章で、私たちが今後進むべき中長期的な方向性について、論点を整理した。

なお、本書で主に扱うのは、義務教育段階の公立小学校・中学校の教員不足問題である。幼稚園や高校は適用法令が異なり、また教育委員会でも管轄する部局が異なるため、調査対象に含めることができなかったからである。

また、学校に勤務する教職員のうち、本書では教員のみしか扱えなかった。公立小中学校は、教員以外にも学校事務職員、スクールカウンセラー、スクールソーシャルワーカー、学校栄養士など、様々な専門的職種の協働によって支えられている。学校を運営するには必要不可欠な専門家であるのに、これらの専門家についても非正規化や人員削減が進められてきた。本書では、公立小中学校における、「教員」の不足に焦点をあてているが、他の学校種および他の職種、さらには私立学校においても、同じような状況があることを念頭に置いて、本書をお読みいただければありがたい。

用語について、本書では公立学校における先生の不足を論じるため、基本的には「教員」という語を用いる。ここで言う教員とは、「校長、副校長、教頭、主幹教諭、指導教諭、教諭、養護教諭、栄養教諭、助教諭、養護助教諭、講師」の人々を指す。ただし、法律による規定に限定されない文脈では、「教師」という語も用いている。「師」には「人の集まるところ」という意味があり、その人の教えを求めて自然に人が集まってくるような人、という含意を読み取ることができる。その人が教員かどうかは法律によって決まるが、教師かどうかは子どもや学習者がその人のもとで学びたいと思えるかどうかによって決まる――そんな思いをこめて、教師という言葉も用いる(佐久間・佐伯 二〇一九)。

また、本書では読みやすさを優先して基本的に「子ども」という語を用いるが、小中高校生の総称として正確さを期する必要がある場合は、「児童生徒」という語を用いる。学校教育法など法律上では、学齢に応じて、幼稚園に通う子どもは園児、小学校は児童、中学・高校は生徒、大学・高等専門学校は学生として使い分けられているためである。

それでは、教員不足問題が、子どもにとってだけでなく、日本社会全体にとってどれほど重要な問題であるかを読者とともに探っていこう。

目　次

第1章　教員不足をどうみるか
——文科省調査からはみえないもの

ある先生の「絶望」

「今日がまだ木曜日であることに絶望しています」

ある朝、中学校教員になった教え子から、LINEアプリにこんなメッセージが入っているのを見つけ、私は思わず画面を凝視した。

奈々子先生(仮名)は三〇代半ばの中堅教員だ。彼女が大学一年生だった時、私の講義を履修していたのが出会いだった。その頃から、彼女はいつも、どうやって自分自身と周りの人たちを楽しくするかを考えていた。たわいない会話の中にも「今日は胃カメラを、3オエオエくらいで無事にオエました!」と笑いを乗せてくるような、元気印という言葉がぴったりくる人だった。しかも、ひとたび教育の話になると、生徒が可愛くてたまらないと思う気持ちがあふれ出て止まらない。

その奈々子先生が、「絶望」というような鋭い言葉を送ってくること自体が、事態の深刻さを物語っていた。どれほど追い込まれ、どれほど土曜が遠いのか。

このメッセージの少し前、コロナ禍でオンライン開催になってしまった授業に関する自主的な研究会でも、奈々子先生は画面越しに、いつになくお笑い抜きで、仲間にそのしんどさを語っていた。

四月から研究主任を任され、そもそも忙しい毎日だった。公立学校では必ず、学校全体の教育活動の質を向上させるために、各校で毎年テーマを決めて学校全体で教育研究に取り組む努力が行われている。奈々子先生に任された研究主任とは、授業の質を向上させる学校ごとの取り組みの統括を担う仕事だ。

教員としての通常業務に加えて、研究主任の仕事を任されて大変な状況のなか、六月頃に、同僚で同じ理科担当のA先生が妊娠し産休に入った。ところが、代替の先生が見つからない。やむをえず、本来なら産休代替の教員がするべきA先生の授業や校務を、理科の教員で分担して行うことになり、奈々子先生の理科の担当授業数も一・五倍になった。授業の量は増え、勤務時間内に授業の準備やテストの採点等をする空き時間もなくなってしまったのである。

すると、今度は教務主任のB先生が心を病んでしまい、出勤できなくなった。そしてB先生の替わりも見つからないと、教育委員会から連絡が来た。教務主任のような責任の重い仕事は非正規雇用の先生にはお願いできないから、正規雇用の教員で回すしかない。結局、校長から、奈々子先生が教務主任としてB先生の仕事も兼務するように言われたというのだ。

奈々子先生がこう語るオンラインの画面越しに、仲間から悲鳴があがった。「えー！　ありえないよ！」「いったい、何人分の仕事？」

教務主任というのは、授業実施に関する全般を統括する仕事である。学習指導要領で定められた授業時数がきちんと実施されているかを確認して報告するなど、いわば中学校全体の授業を回していく司令塔の役割にあたり、本来なら、授業の担当を免除されて専念するくらい大変な管理業務なのである。奈々子先生は、本来の仕事として、自分の担当する授業と学級担任を受け持ち、さらに校務分掌として研究主任の仕事を担当していた。そこへA先生の理科の授業と、B先生の教務主任業務も担当させられるのだから、数人分の仕事を一人でやれと言われているのと同じだ。ちなみに、担当授業時数がいくら増えても、給料は増えない。

さらに信じられないことに、教育委員会からは、教員の働き方改革を促進するために学校で残業はしてはならないという連絡が来ているという。その一方で、子どもの個人情報の詰まったUSBや高校に送る推薦書のデータなどは、個人情報保護のために自宅に持ち帰ることは禁止されている。いったいどうしろというのか。もちろん、早く帰りたいと一番思っているのは奈々子先生自身だ。家には小学生の子どもがいて、同業の夫は部活動の指導で平日も土日も帰宅が遅い。

「やるしかないけど、帯状疱疹(たいじょうほうしん)ができちゃった」と、奈々子先生は力なく笑った。「帯状疱疹って、こんなに痛いって知らなかった。激痛だったけど、忙しくて病院に行く暇さえなくて。後遺症が残ったらどうしよう」

その後私から「調子はどう？」と送ったＬＩＮＥへの返事が、絶望しているという冒頭の言葉だったのだ。

「妊娠してしまいました」

苦しんでいるのは奈々子先生だけではない。産育休や病休に入る方の教員も、同じようにしんどい思いをしている。

小学校教員をしている真美先生（仮名）は、念願叶ってようやく妊娠したという。数年前に結婚し、ずっと子どもが欲しいと思っていたけれど、なかなか授からずにいた真美先生は、初めての「おめでた」が本当に嬉しくて家族で抱き合って喜んだ、と私に伝えてきてくれた。「でも、気が重いんです。産休代替の先生が見つからない時代なので、いまの校長は絶対にいい顔をしないはずなんです……」

案の定、校長室で報告すると、校長は言葉では「そうですか、おめでとう」と言いつつ、その表情にお祝いの色はまったく感じられなかったそうだ。そして「替わりの先生が見つからないかもしれないから、産休に入るのはできるだけ遅くしてほしい」と言われたという。私からは「学校は替わりの誰かが回してくれるけど、お腹の赤ちゃんにはお母さんしかいないから、仕事は二の次にして赤ちゃんのことを考えて」と伝えた。私自身も、子どもを授からなくて苦悩した時期が長かったから、真美先生とご家族の喜びの気持ちは痛いほどよくわかるし、もはや産休をとる以外の選択肢はない。それでも、帯状疱疹ができてしまった奈々子先生の顔を思い浮かべながら、「学校側も大変だろうな」と、お祝いしたい気持ちにうっすらと影が差してしまう。

別の小学校で教員をしている慎二先生(仮名)も、「僕の学校でも、前の年に結婚した同僚が職員朝会で、妊娠してしまいました、申し訳ありません、とだけ言って、泣き崩れてしまったんですよ」と教えてくれた。「新しい命を身ごもるなんて、とても喜ばしいことだし、本来ならみんなで歓声をあげて、おめでとう! ってお祝いする瞬間になるはずなのに、なんだか本当にいたたまれなかった。産育休をとる先生に何の罪もないのは、みんなよーくわかっているんです。でも、それでも、現実問題として産育休代替の先生が見つからなかったらどうなってしまうのか、学校の子どもたちはどうなるのか、不安になっちゃうのも事実なんです。そう感じてしまう自分が本当に情けないし、やるせない」と語る。

それでも先生になりたい

病休や産育休をとる正規雇用教員の代わりを埋める、非正規雇用の先生たちの負担も大きい。

三月のある日、数年前に大学を卒業したばかりの彩音(あやね)先生(仮名)から、ＬＩＮＥメッセージが送られてきた。

「私、次の学校では、六年の担任らしいです」

「あれ？　彩音さん、教員採用試験受かったんだっけ？」

「いえ、まだ臨任です！」

私は絶句した。

「臨任」とは、地方公務員法第二二条の三にもとづいて臨時的に任用された教員のことで、要するに非正規雇用で働く先生たちのことである。現場では臨時的任用教員を略して「臨任の先生」とか、「臨採（臨時採用）の先生」などと呼ばれている。フルタイム（週三八時間四五分）の常勤で、学級担任や部活動の指導など、正規雇用の先生とほとんど変わらない仕事を任されるが、最長一年間の任期付で雇用されている（最近では最長三年間と定める自治体も出てきている）。

臨時的任用教員（臨任）の先生たちは、教員採用試験を経て正規雇用されているわけではないが、きちんと大学で所定の学習を終えて教員免許を取得しているという点では、正規の資格をもつ教員である。子どもや保護者からすれば、どのクラスの担任の先生が正規雇用で、どのクラスの先生が非正規雇用かは、ほとんどわからない。二〇〇一年の義務標準法改正前には、ほとんど認められてこなかった非正規雇用の先生が、この二十数年で急激に増やされており、彩音先生もその一人ということになる（義務標準法については第2章参照）。

彩音先生は、臨任をたった二年経験しただけなのに、未経験の六年生を、しかも新しく着任したばかりの学校で、担任させられるというのだ。六年生の担任は、重責のうえ負担が重く、通常は一定の評価を得た先生にしか任せられないポジションである。

まず、授業準備が大変になる。六年生は授業時数が増え、学習の難易度が上がる。例えば社会科一つとっても、日本史や世界史の通史を教えなければならないから、子どもの疑問や質問にちゃんと答えるには、事前の勉強が不可欠だ。しかも、最近では教師主導型の一斉授業方法では許されず、子どもの探究活動がメインになるような授業を準備することが期待されている。そこに、道徳科や英語やプログラミングが加わった。彩音先生は、教えたことがない教科の授業を、毎日毎日、自転車操業のようにこなしていかなければならない。

また、生徒指導にも力量がいる。六年生になると、思春期にさしかかる。子ども同士の人間関係が難しくなっていたり、大人への反抗心をむきだしにしてぶつかってくる子どもがいたりする。そうしたなかで、教科担任制の中学校でもやっていけるように、小学生のうちに身につけておくべきことを、総仕上げとして指導することが期待されている。

何より、六年生は忙しい。最高学年として、ことあるごとにリーダーシップを発揮しなければならないので、休み時間も放課後も、種々の活動の打ち合わせや準備の作業が目白押しになる。移動教室など宿泊を伴う学習や、卒業文集やアルバム制作、卒業式の練習など、卒業に向けた様々な行程もこなさなければならない。そのため、六年生の担任は、残業が人一倍多くなるし、体力も指導力も必要になるのである。

それなのに、彩音先生は正規雇用の先生になるために、教員採用試験を七月に受けなければならない。こんなに大変な六年生の担任の業務を、未経験のまま担わされ、しかも同時に教員採用試験に備える自分の勉強をしていかなければならないのだ。不合格なら、来年もこの状況が続く。落ち続ければ、永遠に非正規雇用のままであり、一年ごとの契約更新なので、来年の仕事があるかどうかも不確かだ。精神的な重圧も大きい。

臨任だとわかっているのに、なぜ責任重大な六年生を担任させるなどということになるのか。学校がどれほど困った状況になっているのかがうかがい知れた。後でわかったことだが、彩音先生の赴任する学校は、荒れてしまった新六年生の学級を、正規雇用の先生は誰も受け持ちたくないと言い、仕方なく校長が臨任の先生を配置したということだったらしい。非正規雇用の先生の置かれた境遇が、ここに象徴されている。

私の心配をよそに、彩音先生は、本当に全力を尽くして子どもたちに向き合った。例えば、ある子どもが放課後に、コンビニで小さな事件を起こしてしまった。彩音先生は、警察から学校に連絡が入った途端に現場に飛んで行き、その後も児童相談所とやりとりしながら、子どものケアに心を砕いたという。

またある時は、別の子どもが、他の学年の先生に些細なことで注意され、キレて暴れてしまった。とっさに他の子を守ろうとした彩音先生は、ひどく腕を叩かれてしまったという。私のもとには、真っ赤に腫れ上がった彩音先生の腕の写真が送られてきた。それでも彩音先生は、子どもを決して悪く言わなかった。「この子は、自分なんかこの世に必要とされてないと思っている子なんです」と、あくまでも子どもの目線で振り返っているのだ。そして、「ここ二カ月は、やっと自分でクールダウンできるようになってきていたところだったのに」「他の先生に、あの子のプライドを傷つけられたことも悔しい」と言うのだった。

そんな彩音先生だからこそ、学級を崩壊させることなく、卒業式まで立派に担任を務めきった。後日見せてもらった卒業式の写真では、綺麗な袴姿の彩音先生が、いかにもやんちゃそうな子どもたちに囲まれて、笑っていた。彩音先生の目は、今度はうれし涙で真っ赤になっていた。

それでも、彩音先生の待遇は非正規雇用であり、正規雇用教員よりもずっと不利な労働条件で働いている。こんなふうに、非正規雇用の期間を経てでも先生になりたいという思いを心の支えにして頑張っている彩音先生のような人たちこそが、この二〇年間の学校現場で、正規雇用教員の不足という「穴」を埋め、必死で支えてきていたのである。

「もう職員室で子どもの話ができないんです」

ところが、二〇二三年の春頃から、教員不足の状況はもう取り返しのつかないことになっているのではないかと感じさせるような教員の声が、聞かれるようになった。

これまでは、他の教員が羨むほど楽しそうに教職を続けてきた亜美先生(仮名)も、そんな声を聞かせてくれた一人だ。亜美先生は、小学校で音楽専科教員を務めており、その音楽の授業を受けると子どもたちが歌う喜びや楽しさに目覚めてしまうことで知られている。その指導力を買われて有名な私立学校からスカウトの声がかかっても、「私の天職は、地域の子どもたちと歌うことなんです」と迷うことなく誘いを断ってきた。公立学校で働くことに生きがいを感じてきたのだという。

そんな亜美先生が、大学を卒業して教員になってから初めて、「私、もう仕事辞めようかなって思うんです。だってもう、職員室で子どもの話ができないんですよ」と言い出した。

新年度の職員室で、亜美先生の前と横は、社会人から登用された非正規雇用の先生の席になった。亜美先生が昼食を食べながら、「今日の授業で、あの子がこんなちょっといい姿を見せてくれて……」と嬉しくて話をしようとすると、前の席の先生から「私、子どもの話は苦手なんです。休み時間くらいほっといてください」とぴしゃりと言われてしまった。その先生は、「教職を長く続けるつもりはありません。収入を得るためのアルバイトと割り切って授業をしています」と公言しているそうだ。インフルエンサーとして有名になるのが夢で、毎晩のインスタ・ライブで何を配信するかを考えるのに一生懸命になっているらしい。

横の席の非正規雇用の先生も似たような状況で、亜美先生は「職員室で、子どもの話ができないなんて、もう終わりです」と肩を落とす。あまりにも代替教員が見つからないので、「とにかく誰かいないか」と探して配置された先生の中には、子どもが好きなわけでも、授業が好きなわけでもなく、とりあえずの仕事として教員をしているような人が増えているのではないかと感じる、というのだ。

子どもたちへのしわ寄せ

このような学校の現状は、子どもの側からはどうみえているのだろうか。

摩耶(まや)さん(仮名)は公立小学校の四年生。四年生に進級した春、担任の先生が誰になるのかドキドキしながら始業式の日に登校した。ところが、担任発表の場で、校長先生は摩耶さんのクラスの番になると「四年一組は、まだ担任の先生が見つかっていないので、担任が発表できません。必ず決まりますから、もう少し待っていてください」とだけ言って、次のクラスの担任の発表に移ってしまった。「他のクラスの担任の先生はみんな発表されたのに、なぜうちらのクラスだけ？　なんか、見捨てられたみたい」と感じたという。

その後、一時的に教頭先生が担任の代わりになると公表されたが、教頭先生はあまり教室にはいてくれず、四月も五月も、「ちょっと自習しててね」と言われて不在になることが続いた。「教頭先生は、すっごく忙しいみたい」。摩耶さんなりに、先生たちの様子を感じているのだ。「隣のクラスの先生が、二クラス合同で授業してくれることもあるし、自習時間に騒がしくなると一組の教室を覗きにきて、静かにしなさい！ って注意してくれたりもする。でも、自習って言われて、先生が誰もいなくなると、やんちゃな子たちが遊びはじめて、すぐにまた騒がしくなっちゃうのがしんどい」と言う。

摩耶さんは感覚過敏の特性をもっているそうだ。体調がよくない時は特に、蛍光灯のチカチカがまぶしすぎたり、騒音が耳に刺さるようで辛く感じたりしてしまう。自習時間に騒がしいことが続いているので、うるさくて、まぶしくて、疲れ果てる日が増えてしまった。「何のために学校に行くんだろう。今日も耳が辛くなるだろうなって思うだけで、学校に行きたくなくなる」と私に教えてくれた。

「心理カウンセラーの先生に相談できないの？」と私が尋ねると、「相談室の先生は週に一日しかいない。予約がいっぱいだから、なかなか会えないし。そもそも、私、あの人苦手だし」という返答だった。

一方、都内の公立中学校に通う若葉さん（仮名）は、「中学に入ったら、先生たちが年寄りばっかりでびっくりした。副担任も、社会科の先生も、技術の先生も、みんなおじいちゃん先生なの」とぼやく。技術の先生は自分でも「僕は七〇歳近いから疲れるんだよ」と言っているらしい。だから「授業でノコギリとかも使うのに、先生は大丈夫なのかなってこっちがドキドキしちゃって。作業に集中できないんだよね」と気を遣う。

中学生なりに先生たちの苦労を気遣いつつも、それでも世代間の文化の差は、若葉さんには大きな不満となっている。年配の副担任の先生は、ことあるごとに「団結！」とか「もっと熱くなれ！」とか言うそうだ。「煽り方が、ありえないんだよね。すぐ怒鳴るし。いまどき連帯責任とか、なくね？　脳が昭和なんだよ」。私も昭和生まれなので、内心ドキドキしながら、若葉さんの話に耳を傾ける。

教員集団に、子どもからみて祖父母かそれ以上の世代の大人が混じっていることは、プラスに働くこともあるだろう。一方で子どもからみれば、価値観や文化を無理なく共有できる世代の教員のほうが親しみやすい場合もあるだろう。馴染み深い文化や価値観の異なる人同士が一緒に生活する時には、対話とリスペクトが欠かせないのに、学校ではとかく、教員側の基準が一方的に子どもに押しつけられがちになってしまう。教員にとっての当たり前と、子どもにとっての当たり前の隔たりが大きいほど、子どもの方に負担がかかる可能性が高い。教員集団にも多様性が必要だといわれるゆえんである。

二〇一〇年代の後半くらいから、こんな八方ふさがりの痛々しい話を、たくさん聞くようになっていた。各地の公立学校の現場は、すでに身も心も追い詰められた教員たちが、さらに自分の身を削ることによって必死で支えられている。すでに背負いきれるだけの重荷を背負わされ、潰れないように必死で持ちこたえているところへ、さらに負うべき荷物が容赦なく降ってくる。そんな状況が今日も続いているのだ。

文科省の教員不足調査

以上のような子どもや教員の実態は、全国にどれくらい広がっているのだろうか。まずは、文科省の調査を確認することから始めよう。

文科省は、二〇二一年に各自治体の四月始業日と五月一日の教員不足数に関する全国調査を行った。調査対象となる学校種は、公立の小学校・中学校・高等学校・特別支援学校であり、調査対象となる教員は、校長以下講師まですべての職位を含むとともに、雇用形態としても「正規教員、臨時的任用教員、非常勤講師(会計年度任用職員)、再任用教員(フルタイム・短時間)をすべて含む」とされていた。

そして、この調査報告書では「教師不足」とは「臨時的任用教員等の講師の確保ができず、実際に学校に配置されている教師の数が、各都道府県・指定都市等の教育委員会において学校に配置することとしている教師の数（配当数）を満たしておらず欠員が生じる状態」と定義されていた（文部科学省「「教師不足」に関する実態調査」二〇二二年）。

調査結果によれば、二〇二一年度四月始業日での不足が全国で二五五八人だった（うち小中の不足は二〇八六人）。不足を埋めようと一カ月間教員を探して配置してもなお、五月一日時点で二〇六五人が不足していたという。二五五八人という四月の不足数は、学校に配置されている教員定数全体に占める割合としてみると、〇・三一パーセントにあたると、この報告書には記されている。

さて、〇・三一パーセントという数字を、大きいとみればよいのか、小さいとみればよいのか。文科省の記者会見の会場では、記者たちの間に、不足が深刻なのかどうかよくわからない……といった当惑した空気が流れたという。

不足が「大きい」か「小さい」かという評価は、何かを基準にして比較する見方になる。ここでは、まず子ども目線で考えてみよう。例えば不足教員二五五八人の背後に、何人の子どもと保護者がいるだろうか。一学級に約三〇人の児童・生徒がいると仮定すれば、全国でおよそ七万人から八万人の子どもたちが、担任の先生がいないという状況を経験させられていたことになる。その背後には、それより多くの保護者がいる。私にはこの数が決して小さいとは思えない。

際立つ特別支援学校の教員不足

学校種別に四月始業日時点での不足状況をみると、四月の始業日時点の不足は、小学校が九三七校で一二一八人、中学校が六四九校で八六八人、高校が一六九校で二一七人、特別支援学校が一四二校で二五五人だったという。不足が生じている学校数の割合でみれば、不足が最も深刻なのは特別支援学校(一三・一パーセント)である。これは、中学校(七・〇パーセント)の約二倍、小学校(四・九パーセント)や高校(四・八パーセント)の三倍弱にあたる。

特別支援学校における教員不足率が高いのは、教員の雇用形態が不安定であることと関係している。五月一日時点での教員の雇用形態の内訳をみると、正規雇用教員(定年後に再任用されている教員を除く)の割合は、小学校で八三・四パーセント、中学校で八二・三パーセント、高等学校で八一・三パーセントなのに比べて、特別支援学校では七七・六パーセントしかない。任期が最長一年の臨時的任用教員が一六・九パーセント、定年後に再任用されている教員(時短勤務含む)が三・八パーセント、非常勤講師が一・七パーセントと、非正規雇用教員が全体の二割以上に上る。

特に、特別支援学級の担任に占める正規雇用教員の割合が小学校で七〇・九パーセント、中学校で六九・五パーセントとなっていることは、注目される必要がある。特別支援学級とは、一般の学校の中に設置されていて、身体や情緒や言葉などに様々な特性をもち、文字通りその子に適した特別な支援を必要とする子どもたちのための学級である。本来であれば、手厚いケアを必要とする子どもたちであるため、その担任には高度な専門性が求められる。また、子ども・保護者と担任との信頼関係をつくることがますます大切な学級である。ところが、一般の学級よりも非正規率が高く、正規雇用されている先生は七割しかいない。特別支援学級の約三割は、最長で一年しか雇用契約がない非正規雇用の教員が、担任をしているのである。特別支援学級は、教員の非正規率が高いために、なおさら教員が不足しやすくなっていることがわかる。

文科省調査の意義

文科省が重い腰を上げて初めて全国調査を実施したことには、大きな意義がある。学校現場ではすでに二〇〇〇年代から、教員が見つかりにくいという声が聞かれていたのに、その全国的な実態がまったく明らかになっていなかったからだ。

二〇二一年に全国調査を行った背景には、文科省が教員免許更新制度の廃止に向けて動いていた事情もあった。教員免許更新制度とは、二〇〇九年に導入された制度で、一〇年ごとに自費で三〇時間以上の講習を受けて修了しなければ教員免許が失効するという制度である。この制度以降、教員が不足し、あちこちのツテをたどってようやく候補者を探し当てても、その教員免許が失効していて雇用できないというような苦しい状況が生まれていた。そのため、全国の自治体から文科省に対し、教員免許更新制度の廃止を求める切実な声が寄せられていた。

即戦力になる退職教員の再任用にも、教員免許更新制度が立ちふさがっていた。二〇〇九年の更新制度導入時に、一九五五年四月二日以降生まれの教員が対象とされ、彼らは永久免許を失うこととなった。その教員たちが二〇二一年一月末に更新期限を迎えても、すでに退職している場合はわざわざ更新しない可能性が高かった。退職教員の立場からすれば、自費で数万円を払って三〇時間以上の更新講習を受講する意欲はもちにくいため、免許失効を理由に再雇用を辞退する教員が増え、教員不足に拍車がかかることが予見されていたのである。

それゆえ、教員免許更新制度を廃止するための根拠として、更新制度が教員不足の一因となっていることを、調査によって示したいという思いが、文科省にはあったようだ。逆に言えば、免許更新制度が二〇二二年七月に廃止された後は、追加調査を行う理由はない、ということになっているのかもしれない。

文科省調査の課題

文科省の調査は、行われたこと自体に意義があったとはいえ、社会調査の設計としてはいくつもの課題があった。私自身も文科省に課題点を伝えていたが、前述したような形で実施された。

第一の課題は、調査の時期が、四月始業日と五月一日時点という、年度当初に限られていた点である。二学期、三学期と月を追うごとに、産育休や病休に入る教員の補充が見つからないため教員不足が深刻化していく、というのが多くの学校現場で経験的に観察される実態だった。子どもたちや学校側が、先生がいなくて一番困っているのは年度末なのに、不足が最も少ない時期だけを対象に実施されたのが文科省の調査なのである。補うべき教員の不足数を把握し、データをもとに今後の教員政策を考えていくためには、年度末の不足の実態をこそ把握する必要がある。

第二に、調査対象の問題がある。文科省調査は、都道府県・政令指定都市だけを対象に行われたが、この方法だと実際の学校現場でどれくらいの教員が不足しているのか、その全体像を正確に把握することはできない。なぜなら、後述するように、地方分権の結果、市区町村も独自に教員を配置するようになっているのだが、市区町村が配置している教員数とその不足は、調査対象に含まれていなかった。市区町村への調査も含めて都道府県に依頼するのは、労力と時間の観点から難しいと判断されたのだろう。

第三は、授業を実施できなくなっている事例がどれほどあるかを明らかにすることに、調査の主眼が置かれていたことだが、この点については二重の問題がある。まず、学校現場では、授業が実施できていたとしても、教員が不足していない、というわけではない。冒頭の奈々子先生のように、教員が不足しても、正規雇用教員が自己犠牲的にその仕事をカバーしている実態があるのに、文科省調査では、奈々子先生のような実態がどの程度生じているかがわからないのである。

さらには、この調査設計だと、「臨時的任用教員等の講師の確保ができず」欠員が生じる状態という但し書きがあるため、正規雇用教員にどれくらいの欠員が生じているかは、問題にされない。しかし、学校現場にとっては、正規雇用教員が欠けると、授業の担い手が欠けるだけではなく、学校を運営するための様々な業務の担い手も欠けてしまうことになり、二重の痛手となる。冒頭の奈々子先生が、研究主任に加えて教務主任も担当せざるをえなくなっていたような過酷な実態も、文科省調査では不問に付され、みえなくなってしまうのである。

第四に、文科省調査は、教員不足の実数ではなく、「換算数」として計算されていた。全国一律に調査を行うためには、換算数ベースで調査を行う必要があることはよく理解できる。ただし、換算数調査では子どもが経験している実態がみえなくなってしまう側面もある。二〇〇一年の義務標準法改正により、教員定数一を複数の非常勤講師に分割して任用できるようになったため（いわゆる「定数崩し」または「定数砕き」）、現在では義務標準法上の教員の数と、実際

シミュレーション　4つの学校で正規教員も臨任も4人不足している場合【定数4】

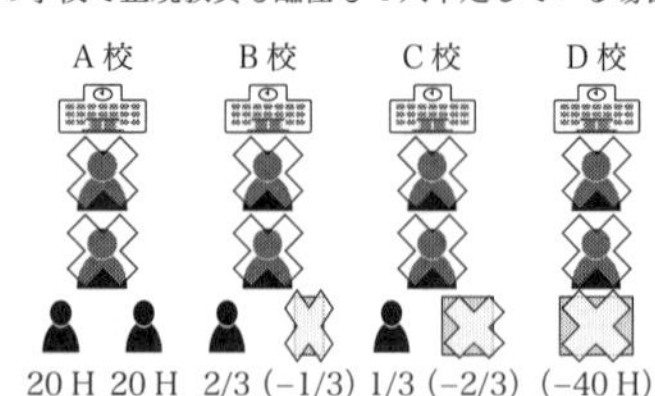

	A校		B校		C校		D校	
正規(第一次未配置)								
臨任(第二次未配置)								
常勤的非常勤	20 H	20 H	2/3	(−1/3)	1/3	(−2/3)	(−40 H)	

	配置数				未配置数
実数ベース	+2	+1	+1	0	(−1)
換算数ベース	1/2+1/2	+2/3	+1/3	0	(−2)
不足担任数(子ども目線)	−1	−1	−1	−1	(−4)

図1-1　定数砕きとは(換算数と実数)

の配置に必要な教員数・不足数が異なっているためである。

　具体的に、わかりやすくシミュレーションしてみよう。四つの学校で、一人ずつ担任の先生が不足しているのに、常勤の臨時的任用教員も見つからなかったとする。教室に担任がまったくいないのは子どもたちからすればありえないことなので、この自治体では定数一を複数に「砕い」て、常勤的に働く非常勤講師を、可能な限り配置することにした。A校では、二分の一(二〇時間)勤務できる講師が二人見つかった。B校では、三分の二勤務できる講師が一人、C校では三分の一勤務できる人が一人配置できた。D校では、まったく見つからなかった。この場合、常勤の担任は四人不足しているけれども、換算数ベースでは不足合計は、A校〇人+B校三分の一人+C校三分の二人+D校一人=二なので、二人不足という計算になる(図1-1)。

　このように、定数に換算した数に戻して集計すれば、定数崩しが進んでいる自治体ごとの調査結果を、同じ条件で集計し、不足の絶対量を把握したり比較したりできる点でメリットがある。一方、子どもの立場からすれば、例えば月・火・水曜日だけ勤務可能な非常勤の担任が配置されたとしても、それはきちんと担任の先生がいる状態とは感じられないだろう。つまり、子どもや学校現場にとっては、担任の先生が四人足りていない実態があるのに、換算数調査では不足は二人しか計上されないことになってしまうのである。

また、教育委員会や学校側からすれば、正規雇用教員の代わりを務める非正規雇用の教員を何人も探すために費やした時間と労力は、調査上ではまったくみえなくなってしまう。正規雇用教員一人が不足し、その代替として二〇時間勤務(二分の一人分)できる先生を二人探した場合、教員を探す労力は二人分必要になるのに、換算数としては、不足教員数は一人としか集計されないからだ。

私たちが調査した自治体では、教員一人分の給与を三人とか四人の非常勤に分割して採用している事例もあり、雇用の実態はもっと複雑になっている。複雑な実態をどう換算数に落とし込んで計算するか。教員不足調査の集計にも大変な労力がかかる。各教育委員会の集計担当者は、相当な苦労をしたに違いない。そのため文科省の調査結果の発表には予想以上の時間がかかり、発表は翌年に持ち越されたのだった。

教員不足の再定義

以上の文科省調査と、この調査における「教員不足」の定義の課題を踏まえて、本書では教員不足を以下のように再定義したい。

すなわち、教員不足とは「各都道府県・指定都市等の教育委員会において学校に配当することとしている教師の数が正規雇用教員で充足されていないために、実際に学校に配置されている教師の数に不足が生ずる状態のこと」と定義して用いる。この再定義がいったい何を意味し、どう有効なのかについて、第2章と第3章で説明していこう。

第2章　誰にとっての教員不足か

——教員数を決める仕組み

教員不足とは、いったい何を基準にした「不足」なのだろうか。文科省は、教員不足を「教員の配当定数」からの不足分と定義しているが、いったいこの配当定数とは誰がどのように決めた教員数のことなのだろうか。これらの問いに答えるために、日本の教員数がどのような仕組みで決定され、教員が配置されていくのかを検討しよう。

「先生はいませんが、不足はしていません」？

ある知り合いが、私にこんな疑問をつぶやいた。

「教育委員会に聞いたら、これは教員不足のせいではないって否定するのですが、いったいどういうことなのでしょうか？」

彼女の子どもが通う小学校では、一カ月近く学級担任がいないままで、子どもたちが落ち着かなくなっているという。いろいろな先生方が入れ替わり立ち替わりやってきて、授業はなんとか行われているらしい。それでも、自習が多いと子どもが愚痴を言うし、学校に尋ねてもはぐらかされてきちんと答えてもらえないので、思い切って教育委員会に「どうして先生がこんなに足りないのですか」と尋ねたというのである。

すると教育委員会からは、「担任になるはずだった先生が病休に入っています。本当は一週間で復帰する予定でしたが、体調が思うように回復せず、病休が延長になってしまいました。先生の名前は職員名簿にきちんとありますし、この件は教員不足ではありません」と回答された。

「先生はいませんが、不足はしていません」と返答されても、一般の市民には謎というほかないだろう。

この教室の舞台裏で、関係者はきっと苦慮していたに違いない。教員も労働者なので、通常は一年間で二〇日間の年休を取得する権利が認められている。おそらく、担任になるはずだった教員が年休から続けて病休に入り、しかもその病休が長引きそうだとわかった時点で、学校は病休の間だけ代わりを務めてくれる非正規雇用教員を探したが、見つからなくて困っている状態だったのではないか。もちろん学校内で代替者になれるような先生たちは、すでに他の穴を埋めるために使われて、担任に入れる人がいなくなっていたのだろう。

確かに、教育委員会の説明の通り、教職員名簿上では病気の先生はこの学校に勤務していることになっているから、名簿上の人数は足りているという説明にも一理ある。一方で、実際には担任の先生が教室にいないという状態が起きている。子どもの目線からみれば、代わりの担任の先生が教室にいないという意味で、教員が不足している状態ともいえるはずである。

この事例をみれば、いったい何のどのような状態を「教員不足」というのかは、立場や状況によって異なっていて、実は共通の理解がなされていないことがわかる。これが、教員不足をめぐる議論がうまくかみあわない理由の一つなのである。

文科省調査の定義とは——配当定数を基準にした不足

実は文科省は、二〇二一年になるまで、「教員不足」について正式な定義を示してこなかった。二〇一八年に「いわゆる「教員不足」について」という資料を公表し、一一の都道府県・政令市へのアンケート調査の結果を明らかにした。おそらくこれが、近年の教員不足問題に初めて言及したものだった。しかし、この資料の「いわゆる「教員不足」」というタイトルが示す通り、当時の文科省は教員不足が起きていること自体にも懐疑的で、教員不足とは何かということにまで踏み込んだ定義は示されていなかったのである。

ところが、その後数年で急激に教員不足が深刻化し、二〇二一年になって全国調査が実施された。この調査用紙上では、以下のような定義が示されていた。

「学校に配置されている教員(正規教員、臨時的任用教員及び非常勤講師を含む。)の数が、学校に配当されている教員定数を満たしていない状態」

つまり、教員不足とは「学校に配当されている教員定数」を基準とし、この基準に満たない状態だというのである。それでは、「学校に配当されている教員定数」はどのように決定されているのだろうか。教員数を決める仕組みを概観することにしよう。

誰が教員定数を決めるのか――国と地方の中間型

日本では、教員の数については、まず国が標準的な教員数を算定し、地方自治体が最終決定する仕組みが採用されている。

教育とは人が人を育てる営みである。つまり教育は必然的に労働集約的な仕事であるため、公立学校を運営するために必要な経費のほとんどは、教員の人件費だという構造になっている。この点は、世界各国で共通しており、一般的に教員給与を負担するセクターが、教員数を決める仕組みになっている。例えば、ドイツやフランスでは国が教員数を決定し、教員給与を負担している。一方、アメリカやイギリスでは、地方自治体が教員数を決定し、教員給与を負担している。日本や韓国で採用されているのは、いわばその中間に位置づけられるような仕組みである。

ここで重要な点は、日本では国と地方自治体の両方が教員数を決めるプロセスに関与し、教員の給与を分担して負担しているという点である。独仏のような中央政府決定型でも、英米のような地方自治体決定型でもなく、その中間の制度になった背景には、日本が長い時間をかけて、教員の数の決定方法を改良してきた歴史がある。

日本でも、かつてはイギリスやアメリカのように、地方自治体決定型だった。明治時代の学制改革によって、史上初の小学校という近代学校制度ができた時には、教員の人件費は市町村の負担とされていた。ところが、市町村だけで教員を雇用するには、財政負担が大きすぎた。また市町村ごとに、財政状況の格差が激しかった。そのため、子どもが生まれた地域によって、学校の教育環境に大きな格差が生じてしまっていたのである。

生まれた地域によって教育を受ける機会やその質に有利・不利が生まれてしまうこの状況は、当時の社会でも大きな問題として認識され、少しずつ改善の道が模索されていった。

その結果、もっと広い地域で協力して教員給与を支え、市町村ごとの格差を縮小していこうと、一九四〇年に道府県ごとに教員給与を負担する制度が成立した(県費負担教職員制度)。また、未来を担う子どもを育てるという点では、国と地方は同等の責任をもつべきという論理のもと、道府県が負担する教員給与の二分の一を、国が負担して国庫から支出することになった(義務教育費国庫負担制度)。これにより、道府県ごとの教員数の格差も縮小しようとする制度が整えられたのである。

したがって一九四〇年以降は、県費負担教職員制度と義務教育費国庫負担制度によって、日本全国どこに生まれても子どもが教育を受ける機会を得られるよう、教育の地域格差を解消していく努力が続けられてきた。ただし、課題も生じていた。市町村立の小中学校の教員が、市町村ではなく道府県(一九四三年以降は都道府県)に雇用されるという、学校の設置者と教員の給与負担者の不一致(いわゆる「ねじれ」)が生じてしまったのである。しかしそれでも、明治期からずっと、みんなで教員の人件費を負担し合って、地域ごとの教育格差をなんとか縮小していこうという方向が、国全体で共有されていた。

ところが、一九八〇年代以降、ゆるやかにその改革の方向が反転しはじめ、二〇〇〇年代以降は、格差拡大もやむなしとする改革が急速に進められてきた。まず、一九八〇年代以降の行財政改革を背景に、国と地方の役割分担が見直されるようになった。そして、二〇〇六年にはいわゆる「三位一体の改革」の一環として、前述した義務教育費国庫負担制度の見直しが行われた。地方自治体の裁量を大きくする一方、国の教員給与の負担は二分の一から三分の一に縮小された。これに伴って二〇〇〇年代以降は、再び教員数などの地域間格差が大きくなってきたのである。

さらに二〇一七年度から県費負担教職員制度が改革され、政令市の学校教職員の給与費は都道府県から政令市に移管された。政令市は人事権をもつのに財源を負担していないという「ねじれ」を解消するためであった。ところが一口に政令市といっても、横浜市のような巨大な政令市とそうでない自治体の財政状況には大きな差がある。したがって現在では、都道府県が雇用する教員と政令市が雇用する教員の人数や給与の差、あるいは政令市ごとの教員数や給与の差は、拡大する傾向にある。

総じて、日本では教育の地域格差を縮小するため、国と都道府県・政令市の両方が、教員数を決定するプロセスに関与する制度が採用されてきたが、近年では英米に類似する方向で改革が進んでいるといえるだろう。

教員定数を決める仕組み

それでは、各学校に配置されるべき教員の数は、どのように決定されていくのだろうか。具体的には、国が標準的な教員数や教員給与の水準を決めるが、最終的な決定権は地方自治体がもつ仕組みになっている。

この決定方法を定めているのが、一九五八年に制定された「公立義務教育諸学校の学級編制及び教職員定数の標準に関する法律」(義務標準法)である。同年に地方交付税法も改正され、国が義務標準法にもとづいて導き出した教員数をもとに、都道府県の教育費の基準財政需要額が算定される仕組みになった。これにより、各自治体の財政計画は、義務標準法にひもづけられることになった。

義務標準法の最大の特徴は、必要な教員の数を、子どもの数にもとづいて直接決める方式にはなっていない点である。日本では、まず必要な学級の数を計算し、その学級数に応じて何人の先生が必要になるかを導く、という二段階の算定方式が採用されている。この特徴は、義務標準法の正式名称に端的に表現されている。つまり標準とする学級規模と、標準とする教員の数を連動させて、一度にまとめて定めてしまう法律なのである。

この方式、つまり学級数をもとに先生の数を決める方式の場合は、たとえ子どもの全体人数が同じでも、一学級あたりの子どもの数が変われば、必要な先生の数が変わってくることになる。例えば、子どもが一二〇人いると仮定しよう。一学級の定員が六〇人なら、一二〇人÷六〇人＝二学級の編制となり、二人の担任教員が必要という計算になる。ところが、一学級の定員が四〇人になれば一二〇人÷四〇人＝三学級で三人の教員が必要となり、三〇人学級になれば四人の教員が必要と算出されることになる。

教員数が学級数と連動する仕組み――日本方式の特徴

別の言い方をすれば、日本の場合は、教員の仕事がどんなに増えても、学級数が増えなければ教員の数を増やせない仕組みになっている。だからこそ日本では、教員の数を増やしてほしいという教育界の願いは、「少人数学級の実現」として表現されてきた。

ところが、二〇〇一年以降の財政改革の流れのなかで、財務省や同省の財政制度等審議会は、アメリカで進展してきた経済学にもとづく諸研究において、学級規模と子どものテスト学力との関連性が数量的に証明されていないことを根拠に、日本における少人数学級化の「効果」を否定し、教員定数を改善しなくなった。つまり、いままでの日本における少人数学級化の効果に関する論争では、アメリカと日本の間にある、法律や制度や文化の違いがほとんど考慮されてこなかったのである。

しかし、日本において少人数学級化は、義務標準法のもとで、子どもの学習環境を改善する方法であると同時に、教員数を増やし教員の労働環境を改善する方法でもあるという、二重の機能を果たしてきた。このことは、本書が声を大にして指摘したい点である。学級規模の縮小が、子どもの「学力」にどのような影響をもつかについては、実証的研究のさらなる進展が期待される。だが、日本においては、学級規模の縮小の効果を「学力」という指標だけで議論するのは不適切なのであり、教員の労働環境への効果も含めて総合的に検証され議論される必要がある。

義務標準法の理念

なぜ日本では、学級数をもとにして教員数を算出する方式を採用したのだろうか。

最大の理由は、義務標準法が制定された当時の日本には、欧米のように子どもの数から直接教員数を決定する方式を採用するだけの財源がなかったことにある。その当時、文部省高官だった内藤誉三郎(ないとうたかさぶろう)は、本来は生徒数を基準にした方式にすべきと考えていたことを述懐している(内藤 一九五〇)。

第二の理由は、当時の日本では、学級を基本単位とする教育活動の伝統が広がっていたことである。内藤らが制定した義務標準法を改正するにあたって、当時の文部省初等中等教育局財務課の課長補佐だった佐藤三樹太郎は、アメリカ方式と綿密に比較しながら教職員定数の研究を行っている。そのうえで、佐藤は「学級とは何か」から説き起こし、日本では生活集団としての学級を「単位指導集団」と定めて重視する必要性を論じていた(佐藤 一九六五)。この当時は、文部省の官僚たちが、国内外の研究成果から説き起こして教員数とその財源確保を実現しようとしており、その見識と専門性の高さには目を見張るものがある。

佐藤が重要視した「単位指導集団」の理念は、もう一つの特徴を伴っていた。日本式の学級は、同学年の子どもで編制することが基本とされているのである(義務標準法第三条)。これがいかに重要な意味をもっているかは、諸外国と比較しないと理解しにくいかもしれない。具体例として、アメリカではどのように教員数が決定されるのか、その概要をみてみよう。

アメリカの教員数決定方式

アメリカでは、学校に在籍する子どもの人数にもとづいて、教育予算が算出され、予算の範囲で雇用できる教員数が決まる方式が採用されている。アメリカ方式の特徴は、日本のように教員数と学級数が連動しないため、同一学年で学級を編制することが難しくなる点にある。つまり、日本では山間地などの特別な事情がある学校においてだけ編制される「複式学級」(異なる学年の子どもが同じ学級で学ぶ方式)が、恒常的にどの地域でも生じることが特徴となる。

わかりやすく説明するために、仮に小学校で二年生が四一人、三年生が三二人在籍していると設定し、教員数と学級編制がどうなるかをシミュレーションしてみよう。

日本方式では、二〇二三年度では義務標準法で、小学校一年生から四年生は三五人学級と定められているため、二年生では四一人を分割して二学級、三年生では一学級が編制される。合計三学級が必要なので、担任する教員は三名必要だと算出されることになる。

それではアメリカ方式ではどうなるか。詳細は州により異なるが、例えばカリフォルニア州の場合は、学校区ごとに在籍する子どもの数にもとづいて予算が組まれ、教員数が先に決定される。この決定に学級数は関係がない。その一方で、州法で学級規模の上限が定められ、違反するとペナルティが科される。例えば二〇二三年現在のカリフォルニア州法では、「小学校一年生から三年生までは、学級規模平均が三〇人を超えてはならず、三二人以上の学級編制は認められない」と定められている。さらに、各学校区が財政状況や教員組合との契約に応じて、学級規模についてさらに踏み込んだ独自の規定を設けている場合もある。これらの条件を踏まえて、校長が学級を編制していく。

教員の数は，子どもの数から直接計算される(地域ごと)
小学校では 1 クラスの上限は 31 人(カリフォルニア州法)

(例)　2 年生 41 人　3 年生 32 人
子ども 73 人→教員定数は 3 名となる

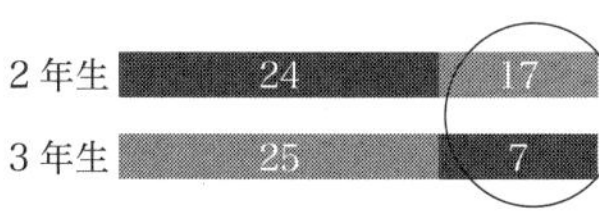

3 クラス目は複式学級になる(2 年生 17 人，3 年生 7 人)

図 2-1　アメリカの学級は日本の学級と違う

さてこの事例の場合、この年度の子どもの数と財政状況から、二、三年生に配置できる教員数が三名と算出されたとしよう。つまり、校長は、教員は三名という制約の中で、州法の上限を超えない規模の学級を編制することになる。

その時に、二年生四一人を二学級に分けて、三年生は単学級三二人という編制は、州法の「一学級は三二人未満」という規定に違反してしまうため許されない。それゆえ、同一学年での学級編制はできなくなってしまうのである。

したがって校長は、複式学級を編制せざるをえなくなる。例えば二年生二四人をA先生が、三年生二五人をB先生が、二年生の残り一七人と三年生の残り七人の計二四人をC先生が受け持つ、というような編制を考え出すことになる(図2-1)。日本の一般的な感覚からは想像しにくいが、同じ学年なのに、一部の子どもたちだけが複式学級に入れられることになるのである。

以上のように、アメリカでは学級が単学年で組織されるとは限らないため、小学校であっても、○年△組という札が出されることはない。教室には「○○先生の部屋」というように、担任の名前が書かれたプレートが貼られている。教室は、子どもたちが生活する場所である前に、教員のオフィスとしての意味をもっているのである。

アメリカ方式の特徴――複式学級の常態化

こうしてやむなくつくり出される複式学級は、アメリカでは「コンボ(combination class)」と呼ばれている。

複式学級という形式自体は、活用法次第で子どもにとってプラスにもマイナスにもなりうる。教育の歴史を振り返れば、二〇世紀初頭から、あえて異年齢で学習集団を構成して子どもの探究的な学習活動を促そうとする教育方法も、様々に開発されてきている。ドイツのイエナ大学を発祥とし現在オランダで普及しているイエナ・プラン教育などは、その代表的な一例といえるだろう。また、アメリカの場合は教員の裁量の幅がとても大きいうえ、複式学級の担任には、校長から信頼が厚く力量がある先生が配置される場合が多いため、異学年集団であることを活かした授業が実践されている事例もあるかもしれない。

しかし、一般的なアメリカの公立学校では、新しい教育方法への挑戦として、積極的に異学年の複式学級がつくり出されているわけではない。しかも統一学力テストが学年別に実施されるようになって以降は特に、授業内容の制約は逆に大きくなっている。したがって一般的には、複式学級を担任する先生の多くは、まず一年生向けの学習課題を出し、一年生に自習させている間に二年生向けの学習課題を出すといった方法(日本では「わたり」と通称される教育方法)で、授業を実施せざるをえなくなっている。

私が在米中にインタビューしたサンフランシスコ市の教員たちは、「複式学級は、子どもにとっても教員にとっても、できればない方がよい」と語っていた。また複式学級に割り当てられた子どもや保護者からも、不満や不信の声を多く聞いた。インターネット上の教育サイトを少しでものぞけば、「どうしてうちの子だけ、複式学級に入れられたのか?　不公平だ」「校長に苦情を言いたいが、どんな苦情の言い方が効果的か?」といった疑問や相談が、たくさん書き込まれているのがわかる。保護者からすれば、「余った子どもたち」をまとめた学級のようにみえるし、複式学級内では学年別に授業が行われるため、授業内で教員と関わる時間が半分になってしまうように感じられ、不公平にみえてしまう。多くの複式学級は、子どもの数から直接、教員数が決定される制度の帰結として、仕方なく生じている学級編制なのである。

にもかかわらず、アメリカでこの教員数決定方式が許容されているのは、同じ学年の一部の子どもたちだけが複式学級に含まれているような学級編制でも、大きな問題が生じないからである。

例えばアメリカでは、日本のように学校行事を学年別に行ったりしない。公立小中学校には、一般的には、日本のような入学式も卒業式もない。運動会や修学旅行といった学校行事も、教育課程に位置づけられていない。例えば、PTAがレクリエーションのためにスポーツ・フェスティバルを開催したとしても、それは教育課程に含まれていないので、参加はもちろん任意である。

さらにいえば、中学校以上になると、生活集団としての学級自体が存在しない。朝登校したら、生徒がまず向かうのは、廊下に並べられたロッカーである。教室には自分に割り当てられた座席はないため、教科書やその他の荷物を、割り当てられたロッカーに入れたり、そこから取り出すのである。日本でいう「学級活動(学活)」の授業を一緒に受ける集団はあるが、週に一度くらいの頻度で「学活」の時間に会うだけの集団である。時間割は基本的に個別であり、中学生も高校生も、大学生のように自分の授業時間割に沿って、授業ごとに指定された教室を渡り歩く毎日を過ごす。

個別時間割とか参加自由と聞くと、魅力的に感じられるかもしれない。私自身も、かつては日本の学校の集団が息苦しくてたまらず、アメリカの大学院に留学したばかりの頃は、とてつもない解放感を覚えて、生き返った感覚に浸ったものだった。しかし、隣の芝生は青く見えるとはよく言ったもので、どこへ行っても現実はそう甘くない。アメリカの場合は、大学だけでなく、高校も中学校も、徹底的に自己責任で学習を組み立てなければならないという、実に厳しい世界であることも痛感するようになった。

子どもたちは、中学校に入った瞬間から、自分で将来の進路を決めて、進学したい高校に入るために何を履修しておかなければならないかを理解し、選択科目の履修登録に挑戦しなければならない。しかも、人数制限などで自分の希望する授業が履修できるとは限らないため、希望が通らなかった場合には学校に相談して交渉しなければならない。

ありとあらゆることが、自己主張し、交渉し、勝ち取っていくことを前提とする文化の中にある。宿題の量一つとっても「宿題が多すぎるから減らしてください」などと、自分から先生に交渉することが、暗黙のうちに求められている。日本では、宿題の量を調節するのは先生の仕事だと思われがちだが、アメリカでは逆に、あえて多すぎる宿題を出して子どもに交渉させることの方が仕事と考える教員も多い。だから、学校で教員にどう交渉したらよいかを、相談できる親をもつ子どもの方が、圧倒的に有利になる。

このように個人主義が徹底されているので、人間関係は日本よりずっとドライである。しかしだからといって、学校でのいざこざやいじめがないわけではない。逆に、いじめられて孤立したり、困った問題に直面したりしても、それを自分で解決しようと動かなければ、基本的には誰も助けてくれない。それがアメリカ社会だからだ。アメリカでは社会に出てからも、何か問題に直面したら、自分から声を上げて訴え、相手に要求を伝えて交渉しなければ何も始まらない。この社会の姿が、そのまま学校の指導体制や学級のあり方に反映されているといえるだろう。

学級という教育方法

一方日本では、前述したとおり同一学年で編制された学級が教育指導の基本単位とされ、学級数に応じて教員数を決定する方法を採用してきた。

日本の公立小中学校の一般的な風景をみてみよう。まず入学式が行われ、○年△組という集団が編制され、学級ごとに教室が決められる。教室には、生徒の席が用意される。学級ごとに共通の時間割が組まれ、授業も学級単位で行われる。生徒は授業以外でも、一日の大半の時間を自分の学級で生活する。さらに、運動会や修学旅行などの学校行事も、学級・学年を単位として行われる。入学から卒業まで、同一学年で編制された学級が、すべてにおいて基本集団となるのである。

この背後には、日本社会の学校に対する期待がある。学習指導要領には「特別活動」という領域が設定され、学級活動などの集団活動や学校行事を、正式な教育課程に位置づけてきた。単なる教科学習だけでなく、身体的・精神的・社会的な成長も含んだ全人的な成長を包括的に支援することが、学校教育に期待されてきたのである。いうまでもなく、この「学級」という指導方法は両義的であり、メリットとデメリットがある。

長所として挙げられるのは、学級が単に勉強するだけの場ではなく、子どもがまるごと育つ場になる点である。教員の側からみれば、学級は授業時間外にも子どもと関わりながら、全人的で包括的な教育活動を行える方法となる。この点は、OECD（経済協力開発機構）による日本の教育政策に対する評価でたびたび言及され、「全人的教育という日本独自のモデル（The unique Japanese model of holistic education）」として高く評価されてきた（Pont et al. 2018）。近年ではエジプトが、大統領の肝いりで、掃除や学級会、委員会活動などの特別活動を行う「TOKKATSU（特活）」を導入したことも話題になった。

子どもの側からみれば、学級には、必ず自分の座席が用意されていることに大きな特徴がある。自分から声をかけて友だちをつくるのが苦手な子どもでも、まずは自分の居場所が確保されていることになる。

一方、以上の長所は、そのまま短所となりうる。学級が、子どもの学習だけでなく、全人的な子どもの成長を支えようとする場であることは、教員にとっては仕事の量が増えやすくなり、その困難さも大きくなることを意味している。また、学級ごとに担任が一人配置される方法は、教育方法として、学級ごとの時間割と、学級ごとの一斉教授方式を暗黙の前提としている。義務標準法が制定された時の議論をみると、少人数集団を柔軟に編制したり、子どもが個別に探究的な学習を展開したりするような学習活動は想定されていなかった。

また子どもの側からすれば、同じメンバーでずっと生活を共にしなければならないので、人間関係にひとたびトラブルが生じれば、学習だけでなく生活にも支障をきたす悪夢の場所になる。ひどい仕打ちをされても、そこから逃げることは容易ではない。たいていの学校には、学級以外には保健室くらいしか逃げ場はなく、学級から逃げることは、学校から逃げることを意味するからである。その代償はあまりにも重い。

社会を反映する学校、学校を反映する社会

つまり、日本の学級集団は、日本社会の歴史や文化、コミュニティのあり方を反映している。稲作を中心とする農村地域では、田植えや水の管理など、地域ごとの共同作業が不可欠で、隣人がどんなに嫌いでも、なんとか折り合いをつけながら地域社会で生きていかなければならなかった。都市生活においても、欧米のようなむき出しの自己主張よりも、社会性や協調性が重視されている。このような日本社会で生きるための社会性や協調性を育てることが、よくも悪

くも、いままでの学校に期待され、学級が重視されてきたのである。

こうした日本の「学級」は、明治期から編制されはじめ、大正期以降ではすでに全国に広まっていた。そのため、一九五八年に義務標準法が制定されるまでの準備過程で、同一学年の生徒で学級を編制できるよう、教員数を算出する仕組みの基本に学級数が設定された、ということなのである。

このように、教員数の算出方式一つとっても、その社会の成り立ちや歴史、文化や風習などと密接に関係しながら制度が形づくられ、生きて機能していることを忘れてはならない。この教育と社会の複雑で密接な関係を無視した拙速な教育改革は、およそ非現実的であり、社会を混乱に陥れる。二〇二〇年のコロナ禍の中で、欧米の学校暦に合わせて「九月入学」への移行が政治課題となったが、多くの問題が浮かび上がって結局頓挫したことは記憶に新しい。

基礎定数と「乗ずる数」

義務標準法に話を戻そう。以上のような歴史的・文化的な背景をもとに、義務標準法では、まず必要な学級数を算出し、その学級数をもとにして教員数を決定する仕組みが採用され、現在に至っている。

さて、その教員数は、具体的にどのような手順で算出され、決定されていくのだろうか。

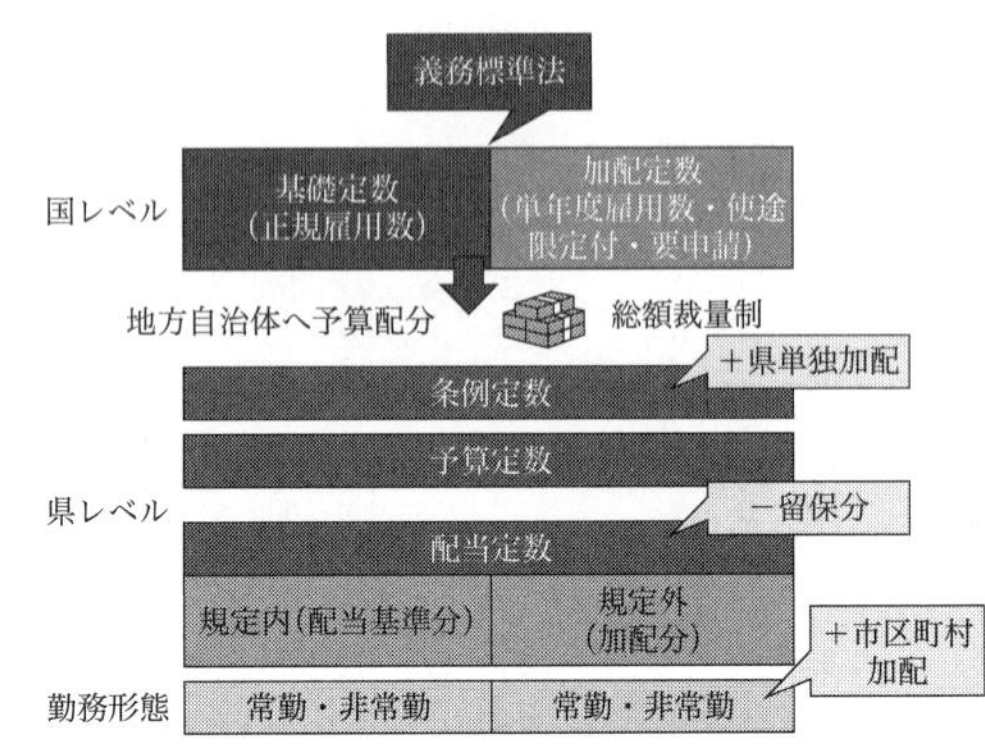

図 2-2　配当定数とは

教員の数は、大きく二段階で算出される。第一段階としてまず、国が標準となる教員数を義務教育法にもとづいて算出する（基礎定数と加配定数）。そして第二段階として、各地方自治体が、教員数を決定していく（条例定数と配当定数）。文科省の調査で不足の基準とされていた配当定数とは何かを理解するために、配当定数が決定されるまでのプロセスを追っていこう（図2-2）。

まず第一段階として国は、義務標準法にもとづいて、都道府県・政令市ごとに配置されるべき教職員数の標準を定める。この標準数の中核をなすのが、毎年安定的に配置される「基礎定数」と呼ばれる数になる。基礎定数は、前述したように学級数にもとづいて計算される。学級数は、毎年五月一日付で調査された児童生徒数を、その年の学級編制標準（一クラス上限の人数）で割って、算出される。

例えば二〇二三年度の場合は三五人学級化への移行途中のため、小学校一年生から四年生は三五人学級、小学校五・六年生と中学校は四〇人学級が標準になっている。したがって、各学年の児童生徒数を三五または四〇で割って、何クラスが必要になるかを算出するのである。各学級に一名の先生が配置されることを前提にしているため、学級数が、教員の基礎定数の中核となっているといえる。なお、ここで算出される標準学級数は、市区町村が実際に編制する学級数ではなく、あくまでも義務教育費国庫負担金を計算するための理論値である(後述)。

義務標準法では、担任をもたない教員も一定数を配置できるように定められている。学校を運営するには、担任以外の教職員も必要になるからである。例えば、教頭・副校長や主任といった学校全体の経営を担う教員や、小学校の音楽の先生のような専科の教員などを思い浮かべるとわかりやすい。

この担任をもたない教員の数を定めるために、同法第七条では、学校種や学校の規模に応じて、「乗ずる数」と名づけられた係数が定められている。すなわち、学級総数(通常学級と特別支援学級の担任数)に一定の係数をかけ算して、級外教員の数を算出することになっている。「乗ずる数」は小学校では、全六学級では一・二九二、七学級では一・二六四、八〜九学級では一・二四九、一〇〜一一学級は一・二三四、中学校では全六学級では一・七五、七〜八学級では一・七二五、九〜一一学級では一・七二などと定められている。

加配定数とは

実は、国が算出する教職員の標準数には、以上の基礎定数に加えて、加配定数がある。文科省は加配定数を「児童生徒数ではなく、特別支援教育(通級指導)、いじめ・不登校への対応、貧困による教育格差の解消、外国人児童生徒への日本語指導など、学校の課題に応じ措置する」定数、と定義している。

財務省は「国は加配定数を増やしており、教員数を増やしてきた」という認識を示している。しかし、地方自治体は、加配定数は安定的でないため、いくら増やされても教員を正規雇用する計画は立てられないというのである。どういうことか。しかも、この加配定数は、なぜ教員不足が起きたかを理解するのに、重要な意味ももつため、以下で詳しくみていこう。

加配定数には、大きな特徴が三点ある。第一の特徴は、年度ごとに決定される点にある。今年度は加配定数が配分されても、来年度もその予算がつく保障はない。しかも、次年度に何人の加配定数がつくか、予算折衝の結果がわかる時期が遅いため、次年度の教員採用計画にも反映しにくい。そのため、国の加配定数がいくら増えても、地方自治体からしてみれば、教員を正規雇用する財源を保障されたことにはならないのである。もしも、地方自治体が加配定数分の教員を正規雇用したのに、翌年度以降に国が加配定数を減らしたら、雇用した教員の給与についての国からの補助はなくなり、その給与を地方自治体が全額負担しなければならなくなる。

教員の給与を全額負担できる財源保障がない地方自治体(つまりほとんどの自治体)にとっては、国が加配定数をいくら増やしたとしても、正規雇用教員を増やすことは難しいのである。

加配定数の第二の特徴は、国が特定の政策を後押しするという名目で予算配分される点にある。特定の政策とは、例えば、「きめ細かな指導を目的として、少人数指導を実施するための教員の加配」とか、「いじめや不登校などへの対応を目的として、児童生徒支援を行う教員の加配」といった具合である。要するに、加配定数で教員を雇用する場合は、その配置先を細かく定められているのである。そのため、必ずしも学校現場のニーズに添った教員配置につながるとは限らない。

第三に、加配定数は、都道府県・政令市が手を挙げて、「私たちの自治体は、その政策を推進したいから○人分の加配予算をください」と願い出なければ獲得できない。したがって、加配定数を申請するハードルは、非常に高い。国庫予算は単年度決算なので、願い出た分の人数は必ず見つけて雇用し、その年度の予算を使い切らなければならないからだ。

以上の三つの特徴のために、加配定数とは、学校現場からみれば、「文科省が推進する政策目的のために、単年度限りで非正規雇用し、他目的には配置できない教員の数」を意味していることになる。

いずれにしても、以上のように国レベルでは、基礎定数と加配定数が算出され、各自治体が雇用すべき教職員数の「標準」が決定されるのである。ここまでが、学校現場に配置される教員の数が決定されるプロセスの第一段階である。国は、基礎定数と加配定数によって、あくまで「標準」の数を算出する。そして、その数を雇用するために必要な人件費の総額が、所定の計算式によって計上され、その三分の一に相当する金額が、国庫負担金として各自治体に交付されることになる。

条例定数と予算定数

地方自治体は、国が算出した基礎定数と加配定数をもとに、実際上何人の教員を雇用するかを決定していく。これが前述した第二段階である。

各自治体はまず、国が定めた当該年度の基礎定数と加配定数をにらみながら、当該年度の教育予算をもとに、教員定数についての条例を定める。これが条例定数である。学校種ごとに何名の教職員を雇用するか、総人数だけを規定する自治体が多い。また、年度途中で後から国庫加配の予算配分があっても、いちいち議会を開いて条例を改正しなくても対応できるように、少し余裕をもった数に定められるという。

その際、各都道府県・政令市が、独自の教育政策を進めるために、国の標準数に上乗せして都道府県・政令市独自の加配定数を定める場合がある。例えば現在、国は公立中学校の学級編制を一学級四〇人以下と定めているが、山梨県や高知県のように、独自に小中学校すべての学年で三五人以下の学級を実現させ、教員を配置している自治体もある。

条例定数をもとに、自治体は、具体的にどの学校種の、どの教科の、どんな目的のポストに、何名の教員を配置するかを決めていく。これは予算定数と呼ばれる。

そして予算定数をもとに、その年度の実際の配当定数が決定されていく。これが、文科省が教員不足調査の基準とした「配当定数」なのである。

配当定数──義務標準法の運用をめぐる問題

すなわち配当定数とは、実際に各学校に配置される教員の定数のことである。

この配当定数は、都道府県・政令市教育委員会ごとに作成した「配当基準表」によって決定されている。しかし、配当基準表や、各年度の配当定数を公表している自治体は少なく、配当定数がどのように決定されているのか、実際の過程は未だ十分に明らかにされていない。

ただし、先行研究によって、配当定数が決定される過程で自治体ごとに様々な工夫が施され、義務標準法が定めた標準の教員数よりも、配当定数、つまり実際に学校に配置される教員数が、少なくなっている場合が多いことが明らかになっている。子どもや学校現場にとっては重要なポイントなので、少し寄り道になるが、配当定数をめぐる問題を指摘しておこう。

端数切り下げによる教員削減

義務標準法から算出される標準数と、配当定数に違いが生じる第一の理由は、義務標準法では小数点以下三桁の「乗ずる数」によって教員数が算出されるのにもかかわらず、実際の人間の数は小数点つきでは表せないことにある。小数点以下の端数を、切り上げるか切り下げるかで、地方自治体が作成する配当基準表に定められる教員数が異なってくる。

ちなみに、義務標準法には「一未満の端数は切り上げる」と書かれているため、私は教員不足問題の勉強を始めた当初、すべて切り上げなんて太っ腹だなあ、と呑気に誤解してしまっていた。しかし、この「切り上げ」規定は、前述した第一段階の時、つまり国が「乗ずる数」によって標準数を算出する時の話であり、第二段階で地方自治体が学校に配当する教員数を決定する時には、義務標準法の規定は関係ない。つまり、自治体の財政状況が厳しくなれば、端数は切り下げられるようになる。

例えば全六学級の小学校では、六学級×乗ずる数一・二九二=七・七五二人となるが、これを七人にするか八人にするかは、自治体ごとの判断に委ねられる。四捨五入すれば八なので、八人(教頭を含む)が配当されてもよさそうなものだが、「ゆとりある教育を求め全国の教育条件を調べる会」が情報公開請求で丹念に行った調査によれば、六学級規模小学校に教諭を七名以上配置している都道府県は、二〇〇九年度で二六にすぎなかったという。しかも、残る二一都道府県は、さらにそれを下回り、六名しか配当されていなかったという(山﨑他 二〇一〇)。

義務標準法の算定による標準数と、配当定数との間にはどの程度の差が生じているのだろうか。配当定数が決定される手順を二つの県教育委員会に詳細にヒアリング調査した小川正人によれば、A県は、配当基準表で小数点以下の端数を調整して実際に学校に配置する教員数を削減し、県全体で七五〇人(小学校五五〇人、中学校二〇〇人)の教員数を浮かせていた。同様にB県では合計三五一人(小学校一一四人、中学校二三七人)分の教員数が、義務標準法の算定による標準数より削減されていたという(小川 二〇〇一)。

自治体独自の解釈と定数措置

義務標準法から算出される標準数と、配当定数に違いが生じる第二の理由は、自治体ごとの財政事情と教育政策にある。

一九九八年の中央教育審議会(以下、中教審)答申「今後の地方教育行政の在り方について」では、義務標準法で算出される学級編制と教員定数が地方自治体を統制している側面がある、と批判された。そして、地方自治体はもっと柔軟に運用上の工夫を進めるべきだ、という提言が行われていた。それ以降、自治体独自の解釈や定数措置が奨励され、格差が拡大していったのである。

例えば、義務標準法では「A学級数×B乗ずる数」によって基礎定数を算出する。本来であれば、この「A学級数」は、「a通常学級数とb特別支援学級数の合計」のはずである。しかし前述の「ゆとりある教育を求め全国の教育条件を調べる会」の調査によれば、例えば奈良県は二〇〇六年度以降、「a通常学級数」のみに「B乗ずる数」を掛けた後で、「b特別支援学級数」分の教員数を足す、という配当定数の「見直し」を行ったという(山崎他 二〇一〇)。特別支援学級を合計数にカウントしないで乗ずる数を掛ければ、級外の教員数は少なめに算出されることになる。このように、地方自治体が配当基準表を作成する時に、様々な解釈が「柔軟に運用」されるようになった。

結果として、財政状況が厳しい自治体では、こうして浮かせた教員数分を純粋に削減するようになった。あるいは、前述の小川の研究では、こうした教員数を、新たに県独自の教育政策を実施するための教員として学校に加配したり、県独自の「充て指導主事」の定数として、教育委員会に配置したりしていた。「充て指導主事」とは、「地方教育行政の組織及び運営に関する法律」第一八条第四項にもとづき、指導主事に充てられた公立学校の教員のことである。つまり県は、学校に配置するはずの教員を減らし、教育委員会事務局に配置される職員(指導主事)の人数を増やしていたのである。小川の調査によれば、ある県では、国から配置された充て指導主事の枠四〇名に加えて、七七名の指導主事を独自に増員していた。充て指導主事の数の決定方法については法的な規定がないため、充て指導主事の数が多すぎるのではないかという問題提起もなされてきた。

子どもが学ぶための最低限の教員数を、全国どの自治体にも均等に保障しようという義務標準法の理念と、自治体ごとの状況に応じて多様で弾力的な運用を実現しようという地方自治の理念とのバランスをどうとるのか。難しい問題がここにある。

「プール定数」「浮き数」

義務標準法から算出される標準数と、配当定数に違いが生じる第三の理由は、各自治体は転入生に備えなければならないことである。小中学校は義務教育段階であり、すべての子どもに学習機会を保障しなければならないため、定員超過を理由に入学を断ることができない。例えば年度の途中で、転入生が増えて学級を増やさなければならなくなったら、新たに教員を配置しなければならない。そのため、教育委員会は常に一定数のポストを内部留保しておかなければならないのである。ただし、何人分が内部留保されているかは公表されていない。

要するに、義務標準法にもとづき国が算出した教員の数を、そのまま地方自治体が学校に配置しているわけではないのである。各自治体は、国が算出した標準数の端数を調整することによって、一定の教員数を浮かせて内部留保している。先行研究では教育委員会に内部留保された教員数を「プール定数」「内部留保定数」「浮き数」などと名づけていた(小川 二〇〇一、堀内 二〇〇五)。私たちが行った調査では、この内部留保数の呼び名は自治体ごとに異なっていて、例えば「しみ出し分」「補正数」などと呼ばれていた。各自治体は、予算定数から一定の「プール定数」を内部留保し、その残りを「配当定数」にしていると考えられるのである。

配当定数を基準にすることの課題——誰にとっての教員不足か

ようやく配当定数とは何かがみえてきた。第1章で紹介した文科省の調査は、この「学校に配当されている教員定数」を基準として、そこから何人の教員が不足しているかを、二〇二一年度の四月始業日と、五月一日において調べたことがわかる。しかし、以上の配当定数の問題を踏まえれば、都道府県・政令市の配当定数を基準にして教員の不足数を考えることの課題がみえてくる。

まず、内部留保数の問題がある。議会で決定された条例定数、そこから導かれた予算定数分の教員が、学校現場に実際に配置されているとは限らない。予算定数から内部留保分を引いた数が学校に配当されているのであり、しかもほとんどの自治体は配当定数を公表していない。したがって、文科省のように、教員不足を「配当定数から何人不足しているか」と定義すれば、教育委員会が内部留保分を多くとり、配当定数自体を減らしてしまえば、現員の数が変わらなくても不足分は小さくみえることになる。

例えば、配当定数が一二人なのに、実際には一〇人しか教員を配置できなければ、二一一〇＝二人分が教員不足として公表されることになる。しかし、もしも翌年度に二人分を内部留保にして配当定数を一〇人に減らしてしまえば、一〇－一〇＝〇人で、不足は解消されたようにみえることになる。文科省の定義では、教員不足数を小さくみせるように操作することが可能なのである。

もう一つの問題は、市区町村加配により、都道府県の定める配当定数が実際に学校現場に配当されている数と同じとは限らないことである。都道府県が定めた配当定数は、県ごとの方式によって市区町村に配当され、市区町村教育委員会から学校に配当されていく。その際、市区町村の独自の予算で教員を加配し、少人数学級を実現している自治体もある。しかし、ある県の人事担当者は、市区町村加配の定数については各自治体の自治を尊重する観点から尋ねていない、と語っていた。

つまり、この市区町村が独自の権限と予算で増やした教員枠は、都道府県も国も把握していない。二〇二一年に実施された文科省の全国調査でも、対象となったのは都道府県・政令市のみであり、市区町村が独自に配置した教員枠とその不足数は、不明のままとなっている。

しかし、子どもからすれば、不足している先生の人件費の出所が、県であろうと市であろうと、いるべき先生がいないことには変わりがない。要するに、国からみえる不足の実態と、学校現場からみえる不足の実態は、異なっているのである。子どもにとっての教員不足の実態こそが把握され、解決される必要がある。

第3章　教員不足の実態

——独自調査のデータから

前章まででみた状況を踏まえ、学校現場の実態に即した教員の不足状態を明らかにするために佐久間研究室として独自の調査を行った。本章では、私たちの調査からわかってきた実態をみてみよう。

独自の調査を実施

調査対象は、ある県(以下、X県)の公立小中学校とした。この県を対象にした理由は、ひとえに調査協力を得られたことにある。教員人事に関する資料はどの自治体でも部外秘であり、簡単に調査協力を得られるものではなかった。また、調査を開始した時点では、後日になって担当者が私たちの調査に協力したことの責任を問われてしまう可能性があった。そのため、調査協力者が不利益を被ることのないよう、完全に匿名にすることを約束して協力を得た。

本章で検討するのは、主に二〇一九年から二三年に実施した四つの調査の結果である。

第一の調査は、二〇二一年五月に実施した教員未配置状況調査である。X県では、地域ごとに県の教育事務所が置かれている。教育事務所とは、各地域の市区町村教育委員会に対する窓口のような役割を担う県の機関であり、各事務所が小中学校等の教員人事の実務を担っていた。

そこで、県内の教育事務所に調査票を送付し、全事務所から回答を得た。

第二の調査は、県内の市区町村教育委員会で、教員配置の実務を経験した人へのインタビュー調査である。三名の担当者の協力を得ることができた。

第三の調査は、県内教育事務所および四つの市区町村教育委員会に対して二〇一九年から二一年に実施した照会調査である。教職員未配置に関するデータについて、個別に照会し回答を得た。

第四の調査は、二〇二二年度に行った、X県以外の複数の自治体教育委員会への照会調査である。X県の状況を相対化するために、他自治体の調査結果を参照した。

実態に迫るための調査設計

調査設計については、二つの工夫を行った。

工夫の一つ目は、第1章で指摘した文科省調査の課題を踏まえ、学校現場の実感に即した教員不足の実態に迫れるような調査設計にした点である。すなわち、最も重要な指標を「本来なら常勤の教員が配置されているはずなのに未配置になってしまっている不足」として位置づけ、この不足を実数でとらえた。

第1章でみてきたように、教員の仕事は授業だけではない。学校という組織そのものを運営するための管理業務が必要になるが、これは正規雇用教員しか担えない。そのため、正規雇用の教員が欠けると、授業の担い手だけでなく、校務分掌の担い手も欠けてしまい、二重の不足となってしまうのである。また、教育課程（授業や学校行事）を実施するための様々な業務は「校務分掌」と呼ばれ、正規雇用教員に加え、常勤の非正規雇用教員によっても担われている。

したがって、佐久間研究室の調査では、教員の不足を、正規雇用教員の不足と、臨時的任用教員（臨任）の不足として二段階に分けて調査することにした。

さらには、短時間勤務で配置されているはずなのに未配置になっている非常勤講師の不足についても、学校現場の実感に即して、実数で調査を行った。すなわち、佐久間研究室では、臨任が不足した場合に配置される非常勤講師については、その勤務時間数ではなく、配置された人数でみることにした。代替者がまったく見つからず「穴」があいたのは、常勤の何人分に相当するのかを明らかにすることを優先したのである（二二頁の図1-1参照）。

ただし、実人数調査を優先したことには、デメリットもある。配置された非常勤講師の「人数」を調査したため、非常勤講師が配置されなかった「時間」がどれくらい残っているかは、私たちの調査からはみえてこない。例えば私たちの調査では、臨任の欠員一人に対して、フルタイム勤務時間の二分の一だけ非常勤講師が配置された場合は、一人配置（未配置〇人）として計上した。そのため、非常勤講師が配置されなかった残り半分の穴は、みえなくなってしまう。

一方、文科省調査では、第1章でみたように換算数で計算されたため、この場合なら二分の一人配置、二分の一人未配置として計上される。この点で文科省調査では、非常勤講師の不足換算数は、私たちの調査よりも大きく計上されることになる。また、不足人数から、未配置だった勤務時間の総数も計算できる。しかし、まったく代替者が見つからなかった臨任の欠員が何人いたのかなどは、文科省調査からはわからない。

調査のもう一つの工夫は、調査項目を教員配置の実務過程に沿って設計したことである。これによって、教員の不足が起きた時に、どのような対応が行われるのかの全体像を明らかにするとともに、教員配置と未配置を、常に変動している一連の過程として可視化することができた。例えば、公立小中学校に在籍する子どもの数は、転入や転出によって常に変わる。また先生たちも産休や病休を取得するため、教員の配置と未配置の状況は、一年を通して変化し続けている。

X県では、学級編制の基準日(五月一日)の児童・生徒数および学級数によって、市区町村に配当する教員定数(以下、配当定数)を決定していた。そこで、この配当定数を基準として、そもそも学校現場に配置されるべき正規雇用教員が、何人未配置だったかを尋ねた。また、その未配置がその後どのように対応されたのかも調べることにした。

以下で紹介する調査結果は、たった一つの自治体の詳細な事例にすぎず、全国すべての自治体が同じ状況にあるとは断言できない。ただし、第四の調査に応じてくれた他の自治体でも、同様の過程で教員配置が行われていたことから、X県だけが特異な実務を行っているわけではないことは確認できている。一方、X県は定数崩しに慎重な教員配置政策をとっていたため、私たちの調査では実数調査を基本にしやすかったのだということも、他自治体との比較によってわかってきた。研究はまだ始まったばかりである。

実数調査によって学校現場での教員配置や未配置の実態を明らかにした調査はまだ他にないため、一例として紹介していこう。

教員不足をとらえる五つの視点——未配置を把握するために

まず、私たちの調査を通じて、教員不足(教員の未配置)をより正確に把握するためには、以下の五つの視点が重要になることが明らかになった。

五つの視点とは、①何を基準にした誰にとっての不足か、②いつの時点での不足か、③どの自治体・地域の不足か、④どの学校種や教科の不足か、⑤どの雇用形態の不足か、である。

視点① 何を基準にした誰にとっての不足か

教員不足の実態把握とその対策に最も重要なのは、前章でみたとおり、何を基準にした誰にとっての不足なのか、という視点である。

私自身が調査を行ってみて驚いたのは、二〇〇〇年代以降の地方分権改革の結果、国が把握している不足と、都道府県・政令市が把握している不足と、市区町村が把握している不足、さらには子どもたち自身からみえる不足の実態が、それぞれ異なっているということだった。つまり、いまの日本でいったいどれくらい教員が足りないのか、誰も全体像を把握できていないのである。ましてや、子どもたちからみえる不足の実態は、ほとんど知られていないのが現状である。国は、この状態でどうやって教員政策をリードしていくのだろうか。

視点② いつの時点での不足か――三学期の不足数は一学期の約二倍

教員の配置数や不足数は、常に変化している。すでに述べたように、先生も怪我や病気をするし、産休に入ったりするからだ。つまり、いつの時点での調査かによって、教員の不足数は変わる。

まず、年代的にいつごろから教員が不足しはじめていたのだろうか。X県内で不足が深刻化した時期を確認するために、X県内の教育事務所を一つ選び、このα事務所の管内における二〇一一～二〇年度までの教員不足数の推移を、毎月一日時点の未配置数平均でみた(図3-1)。すると、二〇一一～一七年度は毎月一日時点での未配置数平均が、小学校では三・一～六・五人、

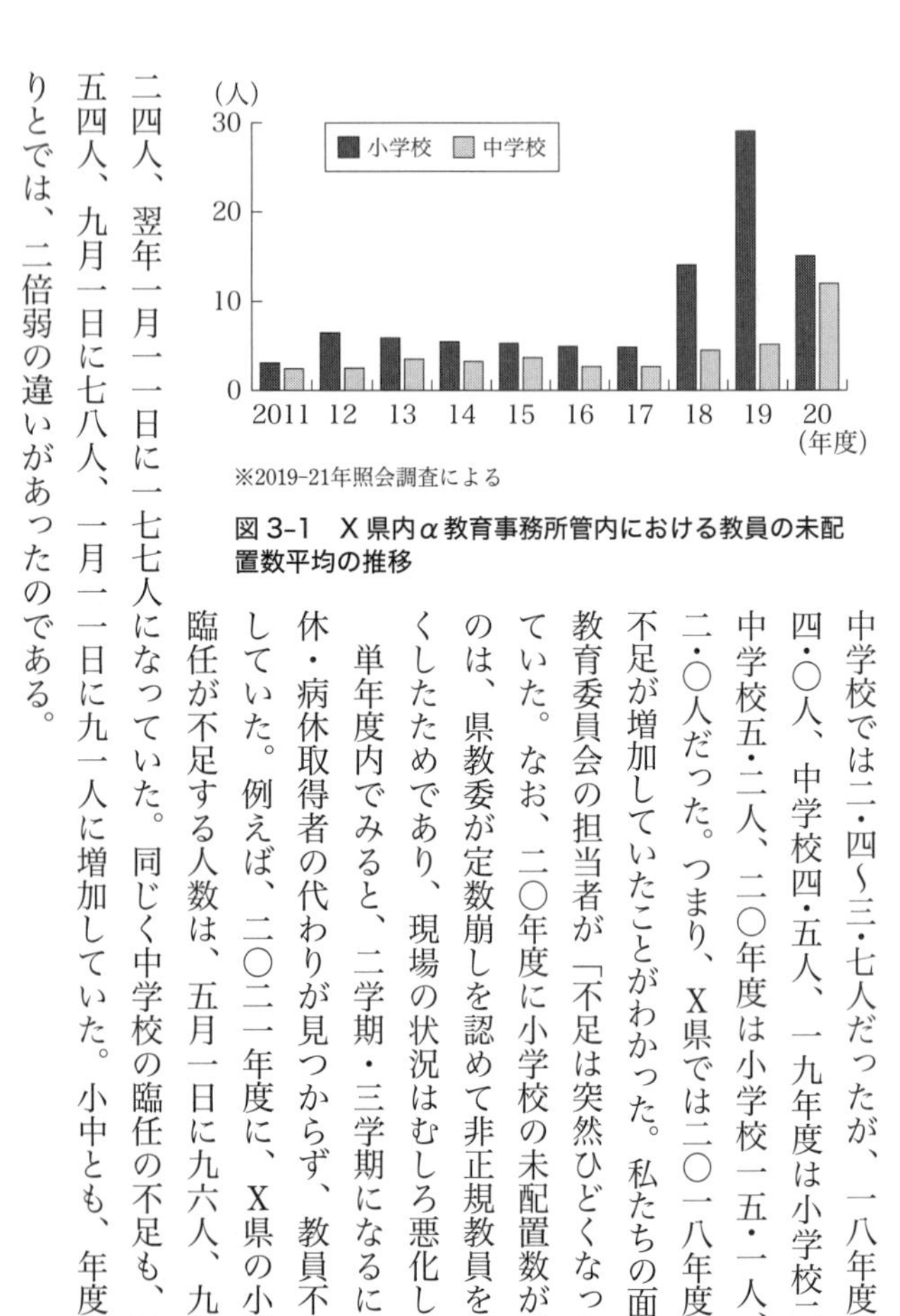

図3-1　X県内α教育事務所管内における教員の未配置数平均の推移

中学校では二・四〜三・七人だったが、一八年度は小学校一四・〇人、中学校四・五人、一九年度は小学校二九・一人、中学校五・二人、二〇年度は小学校一五・一人、中学校一二・〇人だった。つまり、X県では二〇一八年度から急激に不足が増加していたことがわかった。私たちの面接調査では、教育委員会の担当者が「不足は突然ひどくなった」と語っていた。なお、二〇年度に小学校の未配置数が減っているのは、県教委が定数崩しを認めて非正規教員を配置しやすくしたためであり、現場の状況はむしろ悪化していた。

単年度内でみると、二学期・三学期になるにつれて産育休・病休取得者の代わりが見つからず、教員不足が深刻化していた。例えば、二〇二一年度に、X県の小学校では、臨任が不足する人数は、五月一日に九六人、九月一日に一二四人、翌年一月一一日に一七七人になっていた。同じく中学校の臨任の不足も、五月一日に五四人、九月一日に七八人、一月一一日に九一人に増加していた。小中とも、年度初めと終わりとでは、二倍弱の違いがあったのである。

年度末に向けて不足が大きくなっていく傾向は、調査に協力を得られた他の自治体でも確認できた。二〇二一年度に文科省が実施した初の全国調査で明らかになった不足数は二五五八人だったが、これは四・五月時点の、つまり最も不足が少ない時期の数にすぎなかったことになる。教員不足に対処するための方策を真剣に考えるなら、年度末の実態を把握しなければならない。

視点③　どの自治体・地域の不足か

教員不足の状況は、地域ごとに大きく異なっている。都道府県・政令市ごとにも大きな違いがあるし、同じ自治体の中でも、都市部と山間部などの地域ごとに異なる。

今回調査をしてわかったのは、他の地域で不足しているというニュースを聞いても、他人事だと思っていた教育関係者が少なくなかったことである。教育関係者の間でも、自分の地域で不足して初めて、突然その深刻さに気づくという状況が起きていた。教員不足が全国的な問題として社会に認識されるまでに、これほど時間がかかったのは、自治体ごと・地域ごとの不足状況が大きく異なっていたことに一因があると推測される。

なぜ同じ県内でも地域ごとに大きな違いが生じるのか。まず人口の規模が異なる。例えば、同一県内であっても、マンションなどの住宅造成によって人口が増えている地域では、子どもの数と必要な先生の数が増え、不足が生じやすい。一般には、少子化だから全国一律に教員需要が減っていると思われているが、子どもが増えている地域があることに注意が必要だ。

この背景には、義務教育段階の公立学校に特有の事情がある。国立・私立学校や、公立であっても高校や幼稚園は「児童生徒数は最大何人まで」と入園・入学定員を管理することができるため、学校に配置する教員の需要をコントロールすることができる。しかし義務教育段階の公立小中学校は、その地域に生きる子どもをすべて受け入れ、学習権を保障しなければならないため、教員需要をコントロールできず、需要の増減に柔軟に対応しなければならない。

また、同じ自治体でも地域ごとに地理的条件が異なる。X県の不足状況を市区町村ごとにみると、都市部では学級総数が多く、臨任の不足が発生しやすいが、しかし人口が多いので代替の先生が見つけやすい傾向にあった。一方、山間地や人口減少地域では、学級総数が少なく不足数は大きくないが、ひとたび不足が発生すると、代替の先生が見つからずに、ずっと穴が埋まらない状況が続く傾向にあった。以上のように、公立学校の場合、教員不足の状況は、その地域の地理的条件や人口変動に大きく影響されていたのである。

さらに、県と政令市の間でも地域的な条件が異なるため、教員確保という観点からは対立関係が生じやすい。教員は、県で採用されると全県域が異動の対象となり、遠方への異動を覚悟しなければならないが、政令市で採用されれば他市区町村への異動がない。管理職になっても、遠距離勤務や単身赴任をしなくてすむ。このため、教員不足が生じて募集をすると政令市に教員が集まってしまい、県の不足との不均衡が生じるとして、新潟県と新潟市、熊本県と熊本市のように、県と政令市で連携しながら教員確保に努めている自治体も少なくない。

以上のような地域差の実態を踏まえれば、教員不足への対策は、地域ごとの事情を丁寧に分析したうえで、打ち出される必要があることがわかるだろう。

残念ながら、現状では国の対策は、自治体ごとや地域ごとの実態を踏まえたものになっていない。文科省は不足対策として、一定の知識や経験があると判断される社会人であれば、特別免許状を授与してすぐに教員として採用するという方針を打ち出していた。ところが、この特別免許状の利用件数がなかなか増加しなかったため、文科省はさらに二〇二二年四月、特別免許状の積極的活用を各都道府県教育委員会に対して要請するに至っている。

しかし、人口の少ない自治体では、活用したくてもこの対策は絵に描いた餅に近い。ある教育委員会の担当者は「他の自治体では誰に特別免許状を出しているんですかねえ。ご存じですか。いま常勤職に就いていない状態で、すぐに授業をお任せできるような人がいるなら、もうとっくに採用してますよ」とぼやいていた。

現場の実態に応じた丁寧な対策が行われていないという点では、文科省が二〇二〇年四月に開設した「学校・子供応援サポーター人材バンク」についても教育委員会関係者から疑問の声が聞かれた。この人材バンクは、新型コロナウィルス感染症が拡大し、支障が生じた学校現場を支援するため文科省が開設したものである。同年五月には第二次補正予算に関連経費約三一〇億円を盛り込むことが閣議決定され、マスメディアでは、学習指導員六万一二〇〇人、スクールサポートスタッフ二万六〇〇〇人分の予算が計上されたと大きなニュースになった。文科省はさらに、新聞に一面広告を打つなど宣伝にも予算を使って、退職教員や塾講師・大学生などに人材バンクへの登録を呼びかけた。

しかし、私がインタビューしたX県内の市区町村教育委員会の人事担当者は、「あれは使えなかった」と指摘していた。通常なら、非正規の教職員を雇用する際は、応募者が市町村教育委員会を訪問し、名簿に登録する仕組みになっている。そのため、窓口に立つ教育委員会担当者は、たとえ短時間であっても応募者と実際に会って話をし、ある程度の人物像を把握したうえで、書類選考を行える。ところが人材バンクは、応募者が文科省の専用サイトに直接登録し、その応募情報だけが、勤務希望地の教育委員会に送られてくる仕組みになっていた。つまり、教育委員会側が候補者を呼び出したうえで、面接選考を行わなければならない制度設計になっていたのである。

教育委員会としては、もしも交通費を自己負担してもらって呼び出したうえ、結局採用しないとなれば、その理由を根拠をもって応募者に説明しなければならない。つまり、正式な面接選考試験を実施しなければならないのだが、そのためには、面接官を複数名雇用するなど、大がかりな準備が必要となってしまう。しかし、その労力と出費に見合う人数を採用できる保障はないため、最終的にこの教育委員会では人材バンクをまったく利用できなかったという。約三一〇億円の予算は、いったいどれほど有効に活用されたのか、検証が求められる。

視点④ どの学校種・教科の不足か

また学校種別や教科によっても、不足の状態は異なっている。

学校種別にみると、文科省調査では、教員不足が生じている学校の割合は、二〇二一年度四月の始業日時点で小学校四・九パーセント、中学校七・〇パーセント、高校四・八パーセントに比べ、特別支援学校が一三・一パーセントと高かった。さらに、特別支援学校では非正規雇用教員の割合も高く、再任用も含めれば五月一日時点で二二・四パーセントに上っていた。手厚いケアが必要とされる特別支援学校の子どもに、不足のしわ寄せが最も強く及んでいることは、もっと知られる必要がある。

教科別にみると、X県の中学校では、国語科と外国語科に加え、技術・家庭科や美術科、音楽科などの実技系教科で不足が深刻だった。二〇二三年度五月一日時点で臨任の不足をみると、国語科と理科で一七名、外国語科と家庭科で一三名、美術科で一二名、技術科で九名が不足している。そして非常勤講師も不足して未配置になっていたのが、国語科と外国語科で五名、家庭科と音楽科で四名、技術科で二名だった(詳細なデータについては、佐久間・島﨑 二〇二一参照)。

教育委員会担当者が、代替教員探しに最も困っていると語ったのは、技術科の教員だった。二〇二一年の後の経年変化をみても、X県では技術科の不足が最も深刻化している。なぜなら、技術科の場合、木材加工・電気・情報基礎・金属加工・機械・栽培などの多領域をカバーする専門知識と技能が必要となるからだ。つまり、小学校や中学校で技術科を教えるための高度な専門性が求められるのである。技術科は、日常生活に必要な知識や技能を扱うだけではなく、日本を「ものづくり大国」にしてきた技術に興味をもつ入口としての役割も担っているため、技術科教員の養成と確保は重要な課題だろう。

視点⑤ どの雇用形態の不足か

なぜこれほど教員不足が深刻化してしまったのかを理解するうえでは、どの雇用形態の教員が不足しているかが、重要な視点となる。教員不足が起きた理由を探る前に、教員の雇用形態がどのように多様化されてきたかを確認しておこう。

一般には、「学校の先生」という言葉でイメージされるのは、校長や学級担任の先生など、いわゆる正規雇用教員のことだろう。つまり、大学で教員免許を取得した後、教員採用試験

（正式には公立学校教員採用候補者選考）に合格して、地方自治体の教育公務員として定年まで雇用される先生たちのことである。

ところが、二〇〇一年以降、教員に占める非正規雇用の割合が急激に増加してきており、「学校の先生」と一口にいっても、実は雇用形態も任期も、先生によって大きく異なる状況が出現しているのである。ちなみに、近年では「非正規教員」と短縮されて呼ばれることが多くなったので誤解されやすいが、非正規なのは雇用形態の方であって、資格ではない。彼らも、正規の教員免許を取得した教員であることに変わりはない。

私自身も調査をして初めて、非正規雇用の先生たちが、これほど異なる給与や待遇で、異なる働き方をするようになっていることを知った。いくら学校現場を訪問していても、教員の給料や任期を直接尋ねたりはしないからである。例えば、調査したX県内のA市では、二〇二〇年度の会計年度任用職員だけで二二種類もの区分がある。内部資料の一覧表から任用区分の名称だけを抜き出すと「①非常勤講師（定数砕き）、②非常勤講師（欠員補充）、③非常勤事務職員、④非常勤栄養職員、⑤初任者研修非常勤（教諭）、⑥初任者研修非常勤（養護教諭）、⑦初任者研修非常勤（学校栄養職員）、⑧初任者研修非常勤（栄養教諭）、⑨免許外教科解消非常勤、⑩再任用制度非常勤、⑪育児時短勤務非常勤、⑫妊娠時体育授業免除非常勤、⑬指導困難学級改善非常勤、⑭問題行動防止非常勤（退職教員枠）、⑮専科担当非常勤、⑯生徒指導担当非常勤、⑰特別支援教育推進非常勤、⑱特別支援教育センター機能非常勤、⑲高校時間講師、⑳学級経営支援非常勤、㉑障害のある教員対応非常勤、㉒養護教諭妊娠時の健康診断補助非常勤」と書かれている。そしてこの表では、それぞれについての根拠法や財源にもとづき、任用要件と勤務時間の上限、任用期間の制限、給料表、月額か日額か時間額かの報酬区分、夏期休業中の任用の有無などが細かく記されている。

この表からは、地方自治体や学校が、根拠法令も財源も異なる条件下で、なんとかして非正規雇用の枠をつくり出し、人手を確保しようと努力してきたことが読み取れる。また同時に、学校現場における求人がどれほど細分化されており、条件に合う応募者を安定的に確保することが難しいかが伝わってくる。

このように非正規雇用の形態が多様化しているのは、他の自治体も同様である。正規雇用教員の定数は絶対に増やさないという国の方針のもと、各自治体では、正規雇用教員を増やせる見通しが立たないなかで、現場のニーズに応じてなんとか非正規雇用教員を増やしたいと知恵を絞って工夫してきた。その結果、これほど多様な、根拠法令も財源も異なる非正規雇用教員の区分が生じることになったのである。

ちなみに、文科省の教員不足調査では、全国の自治体から換算数の算出方法について質問が殺到したと聞いた。それもそのはずで、各教育委員会担当者は、これほど多様な非正規雇用教員の中から、国の財源から拠出されている非正規枠を選び出し、不足分を正規一人分の換算数へと変換していく作業を求められていたのである。

非正規雇用教員とは

実は、非正規雇用教員の定義そのものが、法律的にも未だ混沌とした状態にある。本書では、正規雇用教員を「定年まで継続して雇用されること(いわゆる終身雇用)が前提とされている教員」と定義し、それ以外の雇用形態の教員を非正規雇用教員と定義して用いる。

山﨑洋介によれば、非正規雇用教員といっても、任期付という点だけが共通で、あとは実に多様な実態となっている。

第一に、配置するための法的根拠が異なっている。義務標準法、出産補助職員の確保法、地方公務員の育児休業等に関する法律、地方公共団体の一般職の任期付職員の採用等に関する法律(任期付法)など様々である。

第二に、各法律によって、常勤の任用と非常勤の任用の場合があり、任用の形態も任期も異なる。臨時的任用(任期は最長でも一年以内)、任期付任用(三年もしくは五年以内)、会計年度任用(会計年度を超えない範囲)、再任用(定年前再任用または暫定再任用、一年以内)の四種類に大別される。

第三に、任用の目的や職務も細かく定められており、任用目的以外の仕事はさせられないことになっている。例えば、産休の代替、病休の代替、少人数指導、初任者研修のために初任者が学校を留守にする時間の代替、海外の日本人学校にパートナーが人事異動になり、自分はその配偶者として同行する先生の代替など、様々である。しかし、近年ではあまりの人手不足に、雇用時の正式な任用目的とは異なる職務を教員に行わせている学校も少なくない。

第四に、任用の目的に応じて財源が異なり、したがって給与単価も待遇も違うし、月給か日給か時間給かも細かく定められている。授業のない夏休み中に任用が継続されるか否かも異なる。国庫補助が受けられる産休代替などの場合、給与などが他の枠より有利に設定されている。

第五に、勤務時間も、フルタイムかパートタイムかという違いがあり、パートなら上限何時間まで任用できるのかなどが定められている(山﨑 二〇二三a)。

もちろん、学校教員にも多様な働き方が認められるべきである。非正規雇用教員の中には、第1章で紹介した彩音先生のように、正規雇用教員を目指しているのに不本意ながら非正規待遇で働いている人がいる一方、あえて非正規雇用を希望し授業だけを短時間教えたい人など、様々な人がいる。また正規雇用教員の働き方も、育児期の時短勤務などもっと多様化される必要がある。

ただし、以上のような複雑な非正規雇用枠の実態は、教員側が求める柔軟な働き方のニーズに即して生まれたものというよりも、定数崩し(定数砕き)や人件費削減といった雇用側の都合で生まれたものである点に、注意が必要だ。また、この複雑怪奇ともいえるほどの雇用規定の数々をみていると、この細かな条件に沿った働き方ができる教員を見つけることがどれほど大変か、思いやられる。これが本当に望ましい「働き方の多様化」なのか。また、需要が生じた時に安定的に確保することが本当に可能なのか。教員の非正規雇用のあり方について、さらなる研究と議論が求められている。

非正規雇用は大別すると三種類

このように、非正規雇用教員の実態はあまりにも多様で、わかりにくい。読者に具体的なイメージをもっていただくために、ここでは本書に登場する非正規雇用教員の例として、臨時的任用教員、非常勤教員、再任用教員の三つのグループを挙げておこう。

第一のグループは、臨時的任用教員(臨任)である。臨任は最長一年の任期付だが、フルタイムの常勤であるため、学級担任や部活指導なども任される。職務内容は正規雇用教員とあまり変わらないのだが、非正規雇用であるため、給与や賞与も、休暇や社会保障などの待遇も、正規雇用教員より劣っている。近年では、臨任より任期の長い「任期付教員(フルタイム常勤で三年もしくは五年以内の任期)」という形態もとられるようになっている。子どもや保護者からすれば、自分の担任の先生が正規雇用かそうでないか、すぐには見分けがつかない。

臨任は、二〇〇一年以前は、産休・育休をとる先生の代わりを務める「産休・育休代替」がほとんどだった。私の祖母は産気づく日まで教壇で授業していたと言っていたが、戦後は一九五五年に制定された、いわゆる産休補助教員確保法(女子教育職員の産前産後の休暇中における学校教育の正常な実施の確保に関する法律)をはじめとして、女性教員たちが運動を重ね、産休や育休を取得できるよう制度が整えられてきた。そして、産育休中の代替教員を安定的に確保できるよう、義務教育費国庫負担の対象として認められたため、二〇〇一年までは産育休代替者のほとんどを、臨任が占めていたのである。

第二のグループは、非常勤講師である。非常勤講師も、二〇〇一年以前までは、例えば「英語の授業を八コマお願いします」といった形で、授業を任される教員がほとんどを占めていた。授業だけを担当するため、自分の授業が始まる時間の少し前に学校に来て、授業を終えれば帰宅できる。近年では、授業準備時間分の給与をわずかでも支給する自治体も増えているが、授業期間外の夏休みなどは収入がなくなるため、非常勤講師の収入だけでは生計を立てていくのは難しい。

ところが、二〇〇一年以降は、前述した雇用形態の多様化に伴い、フルタイム勤務時間(週あたり三八時間四五分)に近い時間で任用し、常勤者の代わりを務めてもらう「常勤的非常勤講師」のニーズが高まっている(後述)。X県の場合は、国準拠でフルタイムの四分の三時間、週二九時間での任用になる。最初に「常勤的非常勤」という謎の言葉を聞いた時は耳を疑ったが、近年では非正規公務員の界隈ではよく聞かれる常套句になっているという。

第三のグループは再任用教員である。六〇歳でいったん定年退職したが、年金支給開始年齢まで再び任用される先生たちのことである。任期は一年以内で、フルタイム勤務と、短時間勤務とがある。

再任用教員の中でも時短勤務者は、担任などの正規雇用教員の仕事を担えない。また、フルタイムであっても、職務内容はほとんど同じなのに、原則として管理職から外される。扶養手当や住居手当なども対象外となるため、収入は現役時代の六、七割ほどに減少する。

この再任用制度が発足したのは二〇〇一年度だった。公的年金の支給開始年齢が段階的に引き上げられることになり、労働者の無年金期間が拡大してしまうことへの対応として、希望者全員を支給開始年齢まで再任用する制度が開始された。さらに、二〇二一年には改正国家公務員法が成立し、二〇二三年四月から段階的に定年を六五歳まで引き上げることが決まり、地方公務員にも同様の措置が行われることになった。そのため、段階的定年引き上げの経過期間にあたる二〇二三年度から原則として二〇三一年度までは、定年前再任用と暫定再任用の二種類が生じる。

本書では、再任用教員は、任期の定めがあるという点で非正規雇用として定義される。しかし、文科省の統計や調査設計では、この再任用教員は「本務者」として分類されている。本務者とは、常勤の職員または勤務条件が常勤に準ずる職員のことであり、その意味では正規雇用教員に準ずるものとして分類されているといえる。このように、規定や分類が曖昧であり、各種調査の数値の読み取りには注意が必要になっている。

教員不足には四段階ある

さて、以上のような教員の非正規雇用について理解したところで、いよいよ第五の視点、つまり雇用形態別に教員不足の実態をみていくことにしよう。

私たちの調査から、どの雇用形態の教員が不足しているかによって、教員不足は四段階に整理できることが明らかになった(図3-2)。

第一段階は、正規雇用教員の不足(欠員)である。もともとの義務標準法の理念に従えば、毎年度の四月には、すべての教室に正規雇用教員が配置されていることになっていた。ところが、後述するような様々な理由から、二〇〇一年以降、配置されているべき教員が年度当初から配置されない実態が生じていたのである。私たちはこの段階を、第一次未配置と名づけた。X県の場合は、二〇二一年五月一日時点で、小学校一一八五人、中学校七八六人の正規雇用教員が

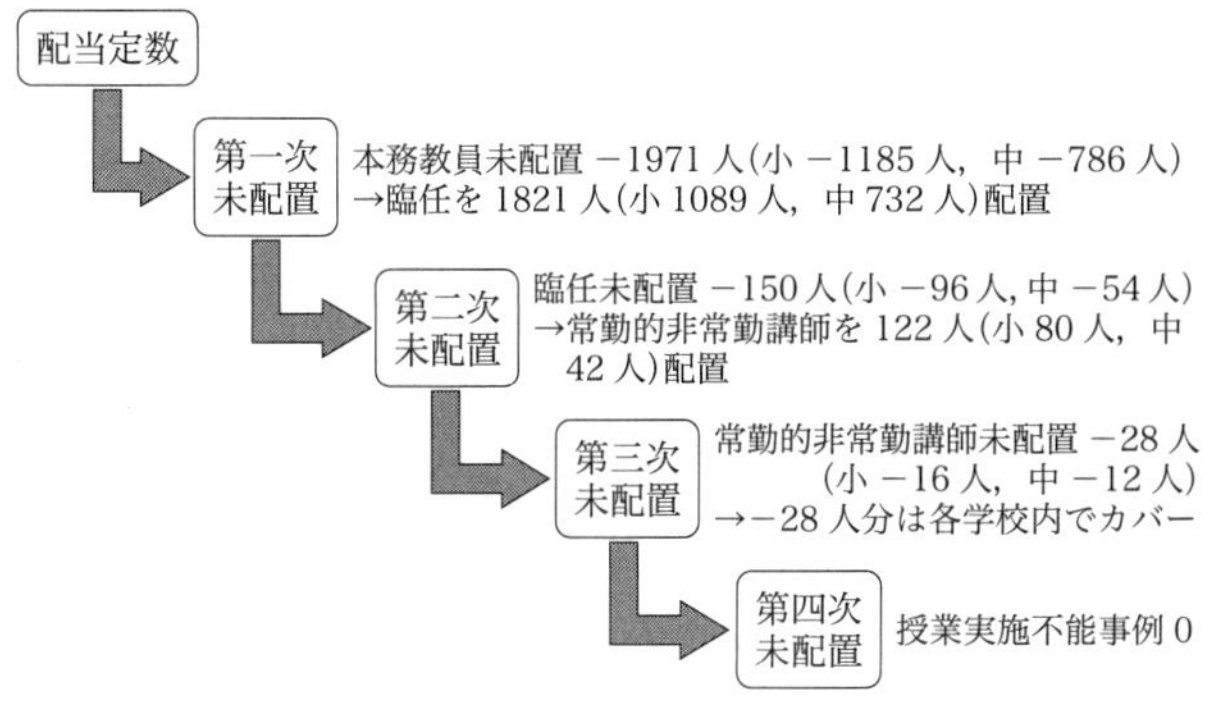

図 3-2　教員の雇用形態別の不足実態(X 県 2021 年度 5 月 1 日状況)

不足していた。学校数で割ると、一校あたり約四人の正規雇用教員が不足していたことになる。

第一次未配置が起きると、いったい教育委員会はどのように対応するのだろうか。教育委員会はまず、任期付で働く常勤の臨任を配置しようとする。X県ではこの年、小中合わせて一九七一人の不足に対して、一八二一人もの臨任を見つけて配置していた。この臨任は本来であれば、その年度に産育休や病休を取得する先生の代わりに入ってもらうはずの先生たちである。しかし、その予備的人員を四月の段階ですでに使い切ってしまっても、なお小学校九六人、中学校五四人の計一五〇人の教員が不足していた。これが不足の第二段階(第二次未配置)である。

教室に担任がいないのは困るので、第三段階として教育委員会は、常勤的な働き方をしてくれる非常勤講師(常勤的非常勤講師)を探して、配置しようとする。X

県では、常勤的非常勤講師を一二二人見つけて配置していた。なおこの一二二人は実数であり、一二二人分の臨任の代替として配置された人の総数である。X県では、一つでも多くの教室に短時間でも教員を配置できるよう、臨任一人の穴埋めに複数の常勤的非常勤講師を配置することは行っていなかった。つまり一二二人の臨任の替わりに、一二二人の非常勤が配置されたことになるので、非常勤が勤務しない時間分は、カバーされないままになっていたということである。私たちの調査では、残念ながら、この穴があいた勤務時間数は可視化できていない。

臨任の代わりに常勤的非常勤講師を配置しても、なお臨任二八人分はまったく代替者が見つからず、完全な不足として残っていた。これが不足の第三段階(第三次未配置)となる。

常勤的非常勤講師も見つからないと、教育委員会にはもはやなす術はなく「あとは学校で対応して下さい」ということになる。そこで各学校では、教頭が担任を受け持ったり、第1章の冒頭の奈々子先生の事例のように教員が持ち授業数を増やしたりして、なんとか授業を実施しようとするのである。X県では、この年度は二八人分の不足を各学校が自力でカバーし、授業が実施できないという事例は起きなかった。しかし、全国では学校現場でもカバーしきれず、授業が実施できなくなった結果、子どもたちが自習を余儀なくされる状態が起きている。これがいわゆる空いた「穴」を埋められない状態であり、不足の第四段階(第四次未配置)となる。

以上のように、例えばマスメディアで教員不足として報道される数値が、臨任の不足数なのか、常勤的非常勤講師の不足数なのか、誰も補充できず穴が空いた教室の数なのか、つまり、どの段階の不足を表現した数なのかに注意を払わなければならない。

不足は教員の自己犠牲でカバーされている

X県では、二〇二一年五月の段階では第四段階の不足は起きていなかった。それでは、第三段階でも不足が発生し、「あとは学校で対応してほしい」と言われた場合、学校内では何が起き、どのように第四段階の授業実施不能状態を防いでいるのだろうか。

学校内での対応方法には、大きく三通りある。一つ目の方法は、第1章で紹介した奈々子先生のように、在籍する教員の負担を増やす方法である。小学校では、本来は学級担任をもたない主任や教頭が担任を兼務したり、中学校では、当該教科の免許をもつ教員の持ちコマ数を増やして未配置教員分の授業を行ったりする。

二つ目は、教育課程の編成を変えてしまう対応法である。例えば、六月からなら着任できるという技術科の非常勤講師が見つかった場合は、技術科の授業だけ六月以降にまとめて実施するよう、時期ごとに時間割を変更してしまうのである。

三つ目は、中学校の場合は教育委員会が特別の許可を出し、その教科の免許をもたない教員に、当該年度のみ授業を担当させる方法である(免許外教科担任制度)。例えば、中学校体育科の免許をもつ先生が国語科の授業を行う、などである。

「教室に先生がいるからといって、先生が不足していないわけではない」という事実は、どれほど強調してもしすぎることはない。教育委員会や学校が必死で教員を探し、現職教員たちが担当授業を増やし、体育の先生が国語の授業をするといった通常ではありえない裏技を使うなど、ありとあらゆる方策を講じて、それでもカバーしきれない分のごく一部が「教員不足」として外部にみえているということなのである。

ちなみに、不足教員分の授業を、本来の自分の仕事に加えて担当しなければならなかった教員に対して、手当や報奨金が支払われたりすることはほとんどない。それどころか「働き方改革だから残業するな」と注意され、自宅で授業の準備をさせられている。「長時間労働をするな」と指示する前に、まずもって教員に不足教員分の仕事まで押しつけている労働条件を、まともな状態に戻すのが先ではないだろうか。

いま大半の学校教員は、教員二人分、三人分の仕事を問答無用で背負わされたうえで、残業時間が長すぎるから時間内に仕事を終えて帰れ、と指示されている状況下にある。しかも、何かミスをしたり問題が起きたりすれば、保護者や学校や教育委員会から厳しく責任を問われる。そんな過酷な労働実態の中に置かれている。

教員不足を生んだ教員配置体制

以上のように、教員不足を四段階に整理すれば、教員不足の原因がみえてくる。

X県のデータにもとづけば、教員不足の最大の原因は第一段階の不足数が大きすぎた点にあった。つまり、年度当初から、配置されているべき正規雇用教員がいなくなり、臨任の需要が大きくなりすぎたことに最大の原因があった。いままでの臨任の供給数では第一段階の不足を補いきれなくなった結果、第二、第三段階の不足が生じていた。そのため産育休代替や病休代替など、臨任が本来配置されるべきポストに、臨任を配置できなくなってしまったのである。そのうえ、非常勤講師の成り手も不足するようになり(後述)、最終的に第三段階として、現職教員が不足教員分の仕事もさせられる過重労働が発生する結果になっていたのである。

この状況が二〇〇一年以降続くようになった結果、正規雇用教員の不足(欠員)が長期化し、過重労働も慢性化し、教員が病気や退職に追い込まれたりして、さらに不足が深刻になるという悪循環が生じるに至った。そして、過酷な労働実態が社会に知られるようになると、そもそも教職を志願する人も減り、正規雇用教員の採用を増やしたくても増やせなくなり、悪循環に拍車がかかることになる(図3-3)。

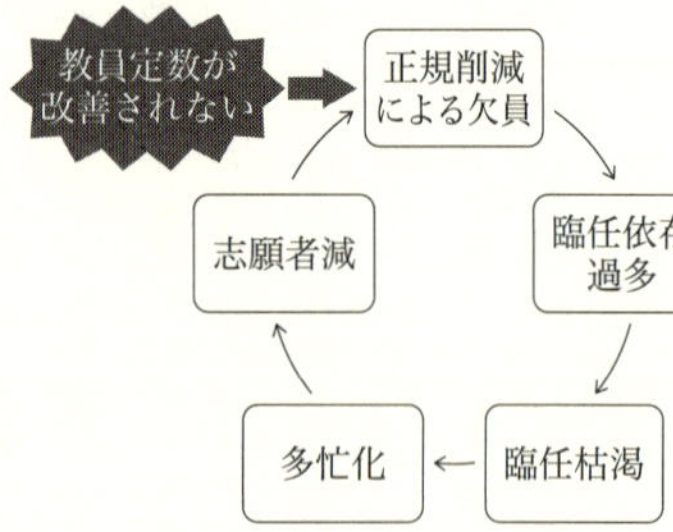

教員定数が改善されない
正規削減による欠員
臨任依存過多
臨任枯渇
多忙化
志願者減

図 3-3　正規教員削減による悪循環

教員不足の原因——非正規依存の末に

X県の事例をみる限り、年度当初から正規雇用教員を非正規に代替する教員配置計画を進めたこと、つまり正規雇用教員を過剰に非正規に置き換える政策が、教員不足の悪循環を生んだ原因となっていた。この点も、私たちの調査結果が示す、特に強調しておきたい重要なポイントである。

私自身、この調査結果をみるまで、教員不足の原因は、非正規雇用教員の成り手が減ったことではないかと考えていた。文科省や教育委員会も、教員不足の原因として、非正規雇用教員の供給が減ったからという説明を繰り返している。しかし、X県のデータをみる限り、この説明は正確ではない。

X県の事例では、二〇二一年度一月時点で産育休取得者は八六七人、病休者は八七人だった。したがって年度当初から、義務標準法で定められた標準の教員数が正規雇用教員で配置されていれば、産育休・病休代替の需要合計九五四人に対し、臨任一八二一人で十分に対応できたことがわかる。

つまり、少なくともX県のデータからは、教員不足の根本的な原因は臨任の供給が減りすぎたことではなく、正規雇用教員の数が不足し臨任の需要が大きくなりすぎたことにあることが読み取れる。二〇〇一年以前のように、義務標準法で定められた標準の数だけきちんと正規雇用教員が配置されていれば、おそらく他の多くの自治体でも、現状の臨任の供給で足りることが推測される。

教員不足を再定義する必要性

私たちの調査からみえてきた学校現場の実態から出発すれば、何を教員不足として定義するのか、その定義自体を改めて考え直さなければならないことが明らかになる。

教員不足の最も狭い定義は、授業時間になっても先生が来ない状態、つまり私たちの調査でいう第四次未配置だけを指すことになる。

第1章でみたように文科省調査でも、教員不足は「臨時的任用教員等の講師の確保ができず、実際に学校に配置されている教師の数が、各都道府県・指定都市等の教育委員会において学校に配置することとしている教師の数(配当数)を満たしておらず欠員が生じる状態」と定義されていた。すなわち文科省も、本来であれば配置されているべき正規雇用教員の不足は問題にしていなかった。

しかし、実際の学校現場では、教員たちが不足している他の教員の仕事を背負うことで、不足がカバーされ（つまりその不足が覆い隠され）、結果として不足がないことにされる結果になっていた。この不足が覆い隠されている事態こそが、現在の学校現場における教員の過重労働の一因であり、前述した教員不足の悪循環の一因になっていた。したがって、臨時的任用教員が不足する根本的な理由である第一次未配置の数、つまり四月に配置されるべき正規雇用教員の欠員数をこそ、教員不足の一部として認識し、教員不足の全体像を可視化する必要があるのである。

そのため、第1章の最後で述べたように、本書では教員不足を「各都道府県・指定都市等の教育委員会において学校に配当することとしている教師の数が正規雇用教員で充足されていないために、実際に学校に配置されている教師の数に不足が生ずる状態のこと」として定義したい。この定義によって、文科省調査ではみえてこなかった教員不足の全体像を把握することができるようになる。

なぜ正規雇用が減ったのか——少子化による採用控え

それではなぜ、四月にいるべき正規雇用教員が欠員となり、年度当初から担任の先生を探し回らなければならなくなったのか。X県のデータに即して、なぜ第一次未配置が生じるようになってしまったのか、検討しよう。

X県では、その原因は大きく二種類に大別できた。一つは、教育委員会が計画して生じさせる予期的欠員の増加であり、もう一つは教育委員会の想定外で生じる予期せぬ欠員(突然の退職など)の増加である(表3-1)。

まず、第一の予期的欠員の要因についてみていこう。私たちの調査からは、その要因として三点がみえてきた。

表3-1　第一次未配置が増えた要因

予期的欠員(計画的欠員)	予期せぬ欠員
〈長期的要因〉	自己都合退職の増加
採用控え	再任用の辞退
〈短期的要因〉	産育休の増加
特別支援学級の増加	産育休の長期化
採用試験応募者の減少	病気休暇の増加

第一の要因は、少子化を背景にした長期的な過員対策、いわゆる採用控えである。過員とは、学校に配当されている定数より多い教員が配置される状態を指す。

X県では、一〇年先までの人口予測にもとづいて教員需要を推計し、長期的な教員採用計画を立てていた。義務標準法の本来の趣旨にもとづけば、その年度の学級数に応じて必要になる教員数は、すべて正規雇用教員を配置することが想定されている。ところが、県全体として少子化傾向が続くため、二〇一五年度から三五年度までの二〇年間で、X県内の中学校を卒業する生徒は約一万九〇〇〇人減少することが予測される。四〇人学級のままだと仮定すれば、約四八〇学級が消滅することが見込まれる(図3-4)。

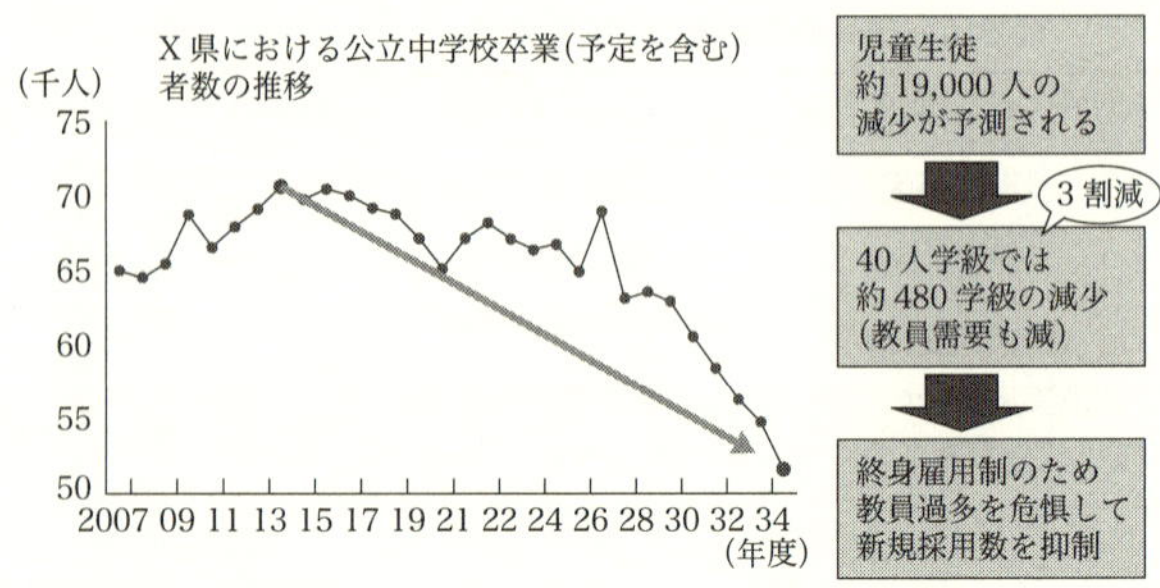

図3-4　少子化を背景とした正規教員の採用控え

もしもいま必要な教員をすべて正規雇用で採用すると、将来的には教員が過剰になってしまうという予測のもと、いまから採用数を抑制する方策がとられたのである。ただし、採用控えをすれば、いま必要な教員は採用されないので、教員が不足する。つまり、年度当初からわざと教員不足を生じさせ、不足分は非正規雇用をあてにして学校を運営する計画になったのである。

ここで注目しておきたいのは、教員需要の予測に関して、少人数学級化が進んで教員需要が増加するとか、教員定数が改善されて需要が増えるといった未来は、まったく予定されていない点である。すなわち正規雇用教員の採用控えは、少子化だけでなく、教員定数が改善される見通しがまったくないという国の行財政改革によっても引き起こされていたことがわかる。

特別支援学級の増加と採用控え

第二の要因は、特別支援学級の増加を背景とした短期的な過員対策である。前述したとおり、公立小中学校は、学校区に住むすべての児童生徒の就学を保障しなければならない。高等学校のように生徒の定員管理を行うことはできず、子どもの転入や転出によって、急に学級の数が増えたり減ったりした場合は、教員の数も増減させなければならないという特別の事情がある。

そのため、教育委員会が対応に苦慮するのは、もしも年度途中に子どもが校区外に転出して、学級数が減少した場合である。例えば、中学一年生に八一人の生徒が在籍する場合は、一学級は四〇人以下なので三学級が必要となり、教員定数は三人になる。ところが、生徒が転校して八〇人に減ってしまうと、四〇人で二学級が編制され、教員定数は二人になってしまい、教員が一人過員状態になってしまうのである。面接調査に応じたX県の人事担当者三名はそれぞれ、この過員状態は最も避けなければならない「最大の事故」として戒められていると語った。つまり、この県では、配当定数より多い教員を学校に配置することは、たとえ短期間であったとしても絶対に許されない、という運用が教員配置の実務で行われているのである。

過員が許されない状況下では、特別支援学級には、正規雇用教員を配置しにくい。なぜなら特別支援学級は、学級編制の標準が八人と小さく、障害の種別（知的障害・肢体不自由・病弱・弱視・難聴・情緒障害）ごとに、一人しか子どもがいなくても一学級を開設しなければならず、学級減が生じやすいためである。

表 3-2　X 県における特別支援学級内訳(2022 年度)

		知的障害	肢体不自由	病弱	弱視	難聴	情緒障害	合計
小学校	児童数(人)	5,582	173	123	45	42	6,030	11,995
	学級数	1,110	113	99	41	38	1,168	2,569
	学級あたり在籍児童数平均(人)	5.03	1.53	1.24	1.10	1.11	5.16	4.67
中学校	児童数(人)	2,261	74	46	11	18	2,085	4,495
	学級数	493	50	43	11	17	473	1,087
	学級あたり在籍児童数平均(人)	4.59	1.48	1.07	1.00	1.06	4.41	4.14

※X 県学校基本調査より作成

X県のデータをみると、特別支援学級の数は二〇〇〇年以降一貫して増加しており、二〇〇〇年度には小学校四二九学級・中学校二〇九学級だったが、二〇二〇年度には小学校一〇一七学級・中学校四七二学級と、二〇年で二倍以上に増えていた。また、二〇二〇年度の学級規模を障害別にみると、知的・情緒障害は一学級の平均在籍数が約五人、その他は約一人となっている(表3-2)。それゆえ、例えば弱視の子どもが一人在籍している間は弱視学級が編制されるが、その子どもが卒業し他の弱視の子どもがいなければ、弱視学級は消滅してしまうことになる。

このように、特別支援学級は、恒常的な学級開設が予定できないうえに、学級数が減って教員が過員状態になる可能性が、一般の学級よりも高いのである。もしも過員状態になったとき、その学級に配置されているのが正規雇用教員だった場合、突然解雇することも、あるいは年度途中で突然他校に転勤させることも難しい。そのため、減少リスクのある特別支援学級には、あらかじめ非正規雇用教員を配置する運用がなされているというのである。高い専門性が必要とされる特別支援学級に、過員対策によって、非正規雇用教員が優先的に配置される傾向が生じている。

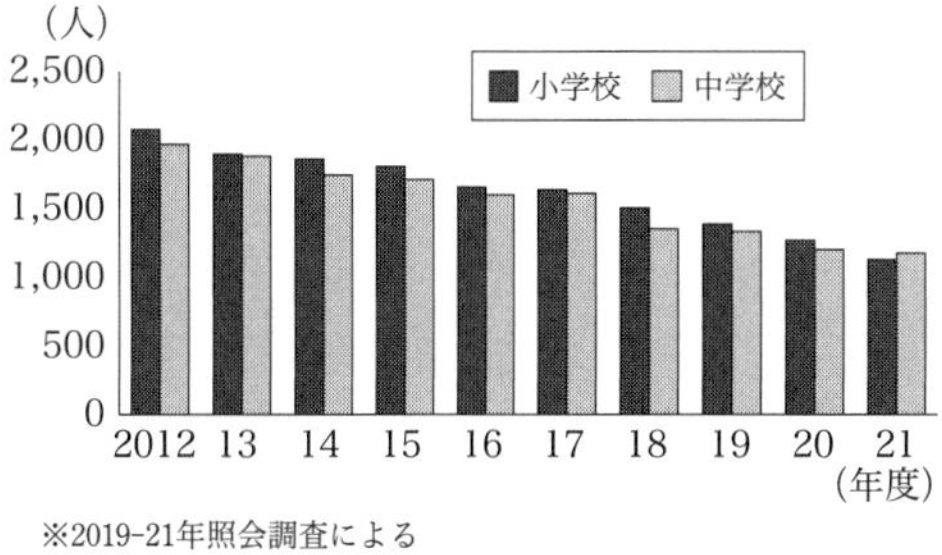

(人)
2,500
2,000
1,500
1,000
500
0
2012 13 14 15 16 17 18 19 20 21 (年度)
■小学校 □中学校

※2019-21年照会調査による

図3-5 X県における教員採用試験応募者数の推移

教員採用試験の応募者の減少

四月に正規雇用教員の欠員が増えた第三の要因は、教員採用試験の応募者の減少である。

図3-5は二〇一二年度から二一年度のX県における教員採用試験の応募者数の推移である。小学校では、二〇一二年度に四三〇人の募集に対し二〇七三人の応募（四・八一倍）があったが、二〇二一年度には三五〇人に対し一一二九人の応募（三・二三倍）となり、応募者数が一貫して減少傾向にある。中学校においても、二〇一二年度には二四〇人の募集に対し一九六六人の応募（八・一九倍）があったが、二〇二一年度には二四〇人に対し一一七六人の応募（四・九〇倍）となっている。応

募者は、二〇一七年度のみ微増したものの、それ以外は減少している。

教科別にみると、技術科は二〇二一年度には一〇人の募集に一〇人の応募しかなく、美術科も一六人の募集に二一人の応募しかない。これらの教科では、応募した後の受験辞退や合格発表後の採用辞退などにより、必要数を確保できない事態になっているという。私たちの面接調査に応じた人事担当者たちは、教科ごとに採用する必要がある中学校では特に、教科によっては採用したい人数ギリギリの応募者しかなくなっている現状では、採用数を増やしたくても急には増やせない、と語った。

思わぬ欠員の増加

教育委員会が予定していないのに、突然四月に教員の未配置が生じてしまう数も高止まりしている。その理由として、以下四つが明らかになった。

一つ目の要因は、自己都合退職の増加である。X県では定年退職者数のピークは過ぎ、勧奨退職者数も年々減少しているが、自己都合退職者数は高止まり状態にある。二〇一九年度末の自己都合退職者は一二〇人、そのうち他県採用者は五八人であった。大量採用時代にX県で採用されたが故郷に帰りたいという教員が、出身県で採用されやすくなったため、退職に至っていることが読み取れる。都道府県相互で、現職教員が移動するようになっているのである。退職の申し出は法的には二週間前までに行えばよいので、翌年度の採用計画に反映できない場合も少なくない。

二つ目の要因は、再任用辞退の増加である。教育委員会は、定年退職者が退職後も年金受給年齢まで再任用することを想定しているが、この再任用(フルタイム)の希望者が、小学校では定年退職者の三五パーセント程度、中学校では五五パーセント程度しかなく、期待通りに確保できない状況にある。

三つ目の要因は、産育休をとる教員の増加である。X県では、団塊世代の大量退職後、世代が若返って出産世代の教員が増え、産育休取得者数が増加していた。X県α教育事務所管内の教員年齢分布の変化をみたところ、小学校では二〇一一年度では二〇代と三〇代の教員が四二・九パーセントだったが、二〇二一年度には五八・五パーセントに増え、中学校では二〇一一年度の二九・九パーセントが二〇二一年度には五二・九パーセントへと上昇している。二〇二一年度に同管内で産育休を取得した教員は、小学校一二八人、中学校二九人で、正規雇用教員総数の約七パーセントだった。

また特に興味深いことに、育休取得期間が大幅に長期化していることも私たちの調査から浮かび上がってきた。同事務所管内の育児休業期間の変化を、入手できた二〇一四年度と一八年度のデータで比較したところ、二〇一四年度には三年間取得は一・五パーセントだったが、二

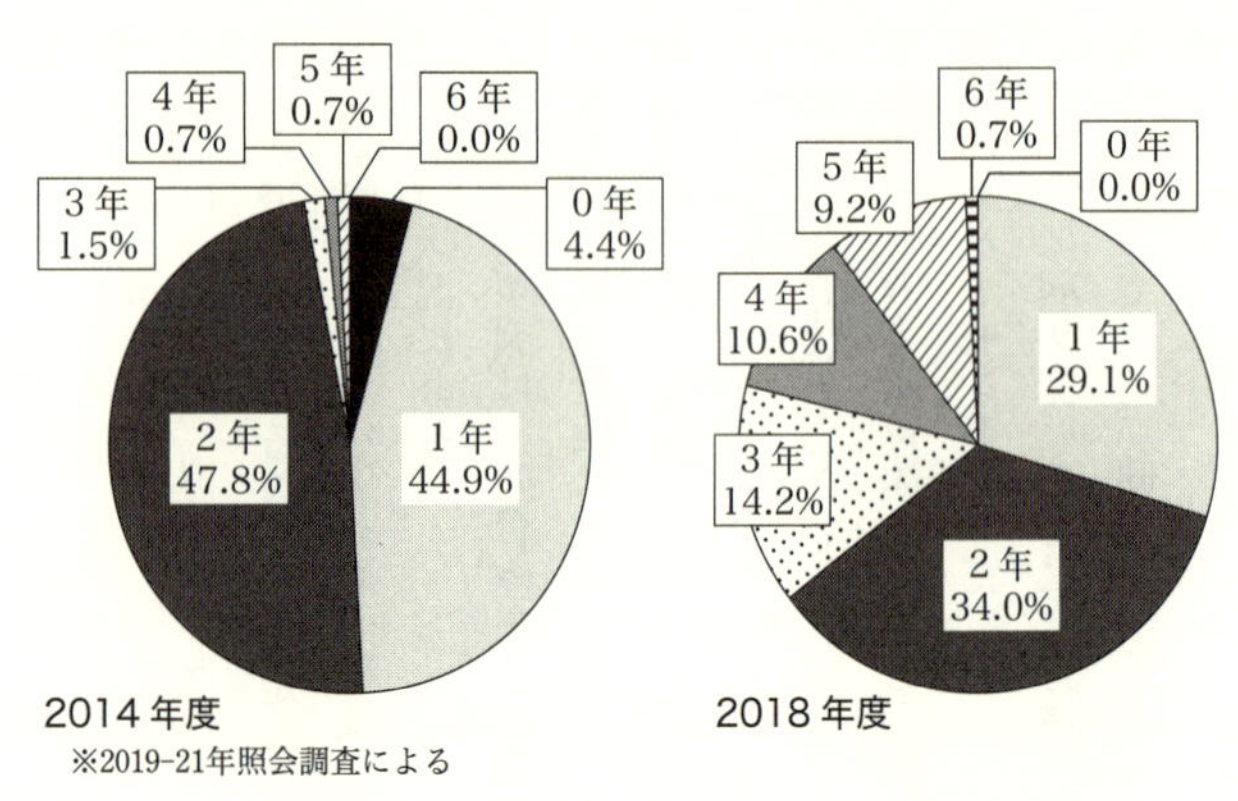

図3-6　X県内α教育事務所管内における育児休業の取得期間の変化

○一八年度には一四・二パーセントまで上昇していた。さらに、育児休業期間中に次子を出産し通算で五〜六年間の取得期間となる者も、二〇一八年度には九・九パーセントになっていた（図3-6）。育児休業期間の長期化の背景には、保育園不足の他、学校現場の多忙化や人手不足により復帰後の育児との両立が難しくなっている実態があることが推察される。

四つ目の要因は、休職者の増加である。X県における年度内の休職者数の累計の推移をみると、二〇一六年度以降休職者数が高止まりしていた。休職者についても、復帰を前提とするため、新規採用は増やせない。

付言すれば、病休取得者の傾向も明らかになった。私たちは、X県の二〇一四年度から二〇年度までに療養休職を取得した教員について調査を行った。第一に、診断名別にみると、精神疾患の割合が最も高かった。第二に、精神疾患を理由に休職した教員を年齢別にみたところ、二〇代から五〇代までで病休取得率はあまり変わらなかった。つまり、少なくともX県においては、精神疾患は若い世代でのみ起きているとはいえず、すべての年代の教員で同じように発症していた。若手だけでなく、すべての世代の教員に健康対策が求められていることが指摘できる。

第三に、療養休職に入った時期を月別にみると、一〇月と一一月が最も多かった。おそらく、一学期にはすでにメンタルに不調を感じていたのに、無理をして乗り切った教員が、結局二学期が始まってから不調が再発し、年休を使い切ったうえで療養休職に入る、というような経過をたどることが推測される。さらに、二月に休職に入った教員は、復帰できず退職に至っていることが多かった。このデータは、三学期まで無理を続けると、復帰が難しくなるほど病状が重くなってしまう可能性があることを示している。

逆にいえば、メンタルに不調をきたした教員が、早期にきちんと休養できた場合は、退職せずに復帰できる確率が高かった。したがって、当然のことであるが、心身の不調が悪化する前にきちんと休める環境をどう整えられるかが、非常に重要であることが指摘できる。

非常勤講師の高齢化

私たちの調査からは、非常勤講師の不足と高齢化の実態も浮かび上がってきた。

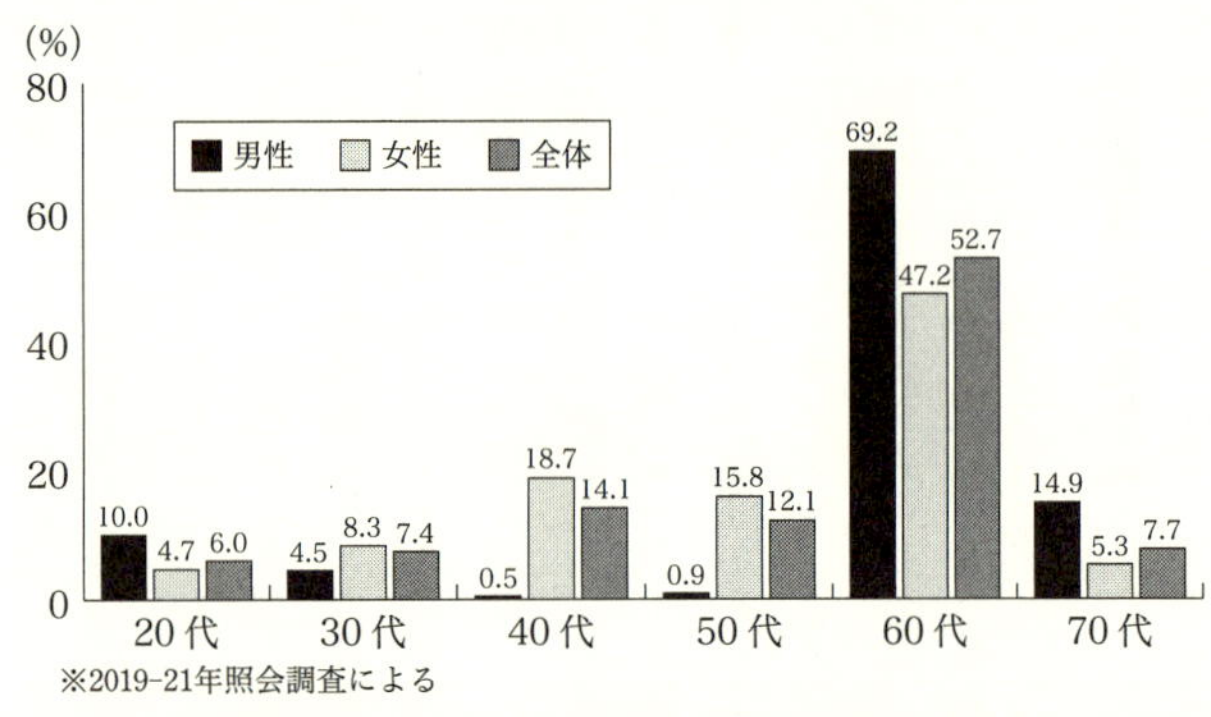

図 3-7　X 県における小中学校非常勤講師の任用状況(2021 年 5 月, 世代別・性別の割合)

非常勤講師が不足する最大の理由は、待遇に見合わないような重い職務を期待されていることにある。特に小学校の場合は、非常勤講師として雇用されるのに、実質上は学級担任の役割の一部を負わなければならないことになるため、引き受け手が少ない。

その背景には、非常勤講師の高齢化がある。X県内小中学校の非常勤講師の任用状況を世代別にみると、六〇代が五二・七パーセント、七〇代が七・七パーセントと約六割を退職教員が担っている(図3-7)。

さらに、二〇〇九年度に導入された教員免許更新制が、X県の教員不足に追い打ちをかけていたことも明らかになった。X県のα教育事務所管内の推移をみると、二〇二〇年度には六五歳の再任用および臨任が一七人いたが、二〇二一年度の六六歳の臨任は六人に減っていた。つまりこの地域だけで一一人(六割以上)の教員が、免許の失効によって教壇を去っていたことがわかる。このように、教員免許の失効によって非正規雇用教員の成り手が減っていく状況の中で、教育委員会の担当者たちは、更新制導入時に対象外となり無期限の免許をもつ教員(二〇二一年当時で六七歳以上)を、必死でリクルートしていた。教育委員会の担当者は、私たちの聞き取り調査で「神様、仏様、永久免許様って感じ」と語っていたほどである。同様の状況が全国で発生し、各地の教育委員会がこのままでは学校が回らなくなると悲鳴を上げていた。

こうした事情も影響して、二〇二二年七月一日に教員免許更新制度はわずか一三年で廃止となった。私も含めた多くの研究者が、教職離れが起きると警鐘を鳴らしていたにもかかわらず導入された教員免許更新制度は、残念ながら予見されたとおりに教員不足を加速させた。この責任を誰がとるのだろうか。

学校現場への影響は

教員不足数の増加によってX県の学校現場には、どのような影響が及んでいたのかを、最後に改めて整理しておこう。

まず、教員一人あたりの仕事量が大きく増えていた。X県では二〇二一年五月時点で、非常勤講師の代替者も見つからない欠員(第三次未配置)が二八人分あった。この二八人分の職務は、すべて現職の教員の負担になっていた。

特に、その負担は正規雇用教員にのしかかっていた。X県の正規雇用教員は、二〇二一年五月時点で、一校あたり約四人も不足していた。学校には、学校運営の根幹に関わる業務や非常勤講師のマネジメントなど、正規雇用教員でなければ担えない職務が存在している。つまり一校あたり約四人分の本務教員の仕事を、在職中の本務教員が担わされ、年度末に向かうにつれて、その負担はさらに重くなっていた。第5章で述べるように、教員の長時間労働が深刻化したのは、このように教員不足をカバーするために仕事量が増えたからなのであり、教員の長時間労働を是正するには、まずもって不当に増やされた仕事量を適正化する改革が必須である。

最も重要な影響は、以上のような教員不足をカバーするための仕事量の増加によって、子どもへの関わりの質が低下している点である。多くの教員は、もう少しだけでも空きコマ(授業をしない勤務時間)があれば、もっと丁寧に児童生徒のノートを見たり、丁寧に指導したりできるのにと感じている。

それに加えて、年度当初から担任をもたされる臨任が急増していることの影響は見逃せない。X県では特に、第一次未配置の増加によって、五月一日の時点だけで臨任が一八二一人も学級担任として配置されていた。臨任の任用状況を年齢別にみると、二〇代が三七・三パーセントを占めており、必然的に教員経験年数が短いことがわかる(図3-8)。

そもそも全国的に、団塊世代の大量退職に伴って世代の若返りが進み、教員経験年数の短い

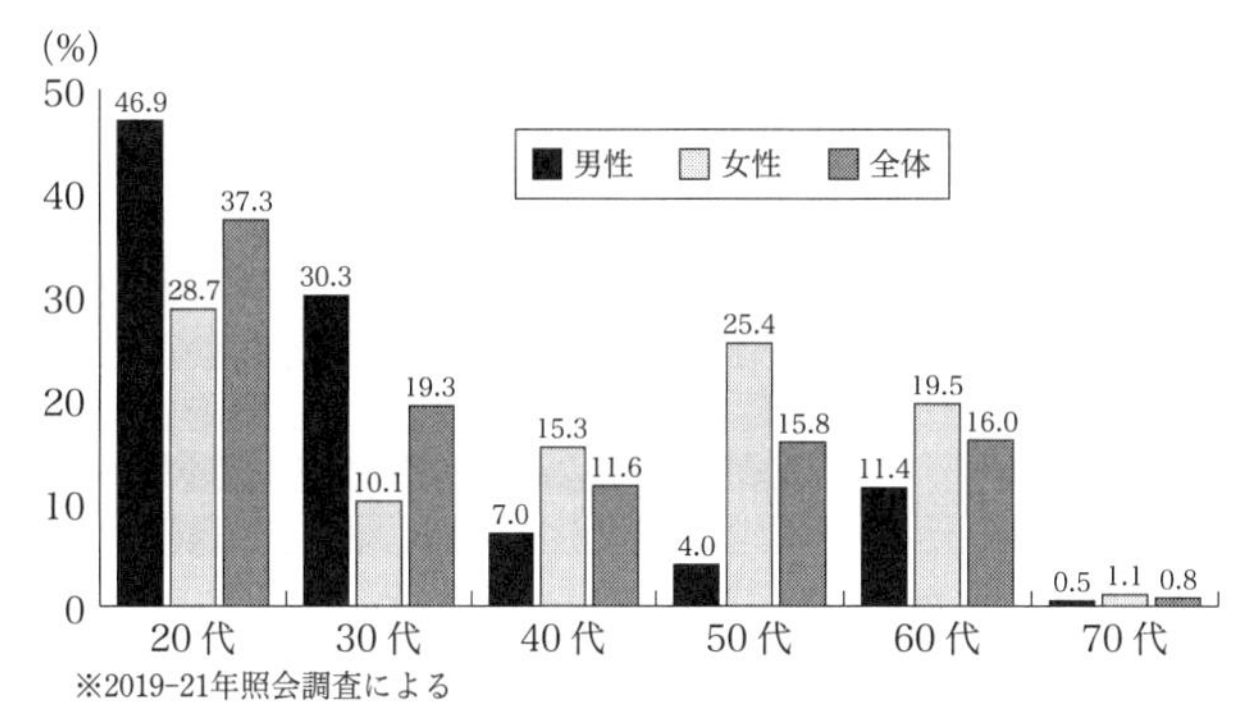

図3-8　X県における小中学校臨時的任用教員の任用状況(2021年5月，世代別・性別の割合)

教員が増加していた。文科省によれば二〇〇一年度から二二年度の二〇年間で、小学校では二〇代が八パーセントから二〇パーセントへ増加、中学校では二〇代が一〇パーセントから一七パーセントへと増加している(図3-9、図3-10)。

X県の事務所管内における教員の任用状況を教員経験年数別でみても、経験一〇年未満の割合が小学校では四七パーセント、中学校では四五パーセントを占めている。二〇一一年度と比較すれば、一〇年間で世代が一気に若返っていた(図3-11)。

このように、正規雇用教員の約半数が一〇年未満の教員経験しかないところへ、さらに二〇〇〇人規模の臨任が配置されていることがわかる。臨任は一年ごとに任用され、翌年に雇用される保障はないため、研修機会は正規雇用教員に比べて限定的であり、力量形成の支援を受けにくい労働環境にある。

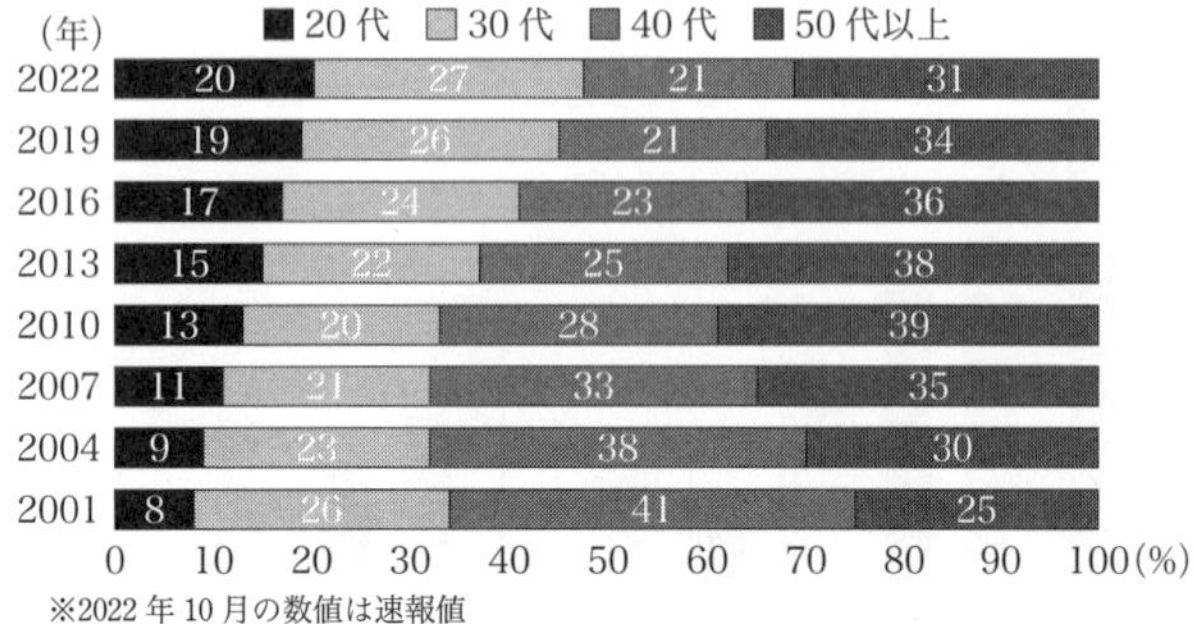

※2022年10月の数値は速報値
出所：文部科学省「学校教員統計調査報告書」,「教職員配置の在り方等に関する関連資料」(中央教育審議会質の高い教師の確保特別部会第7回資料2-1, 2024年1月22日)より作成

図3-9　公立小学校教員の年齢別構成割合の推移

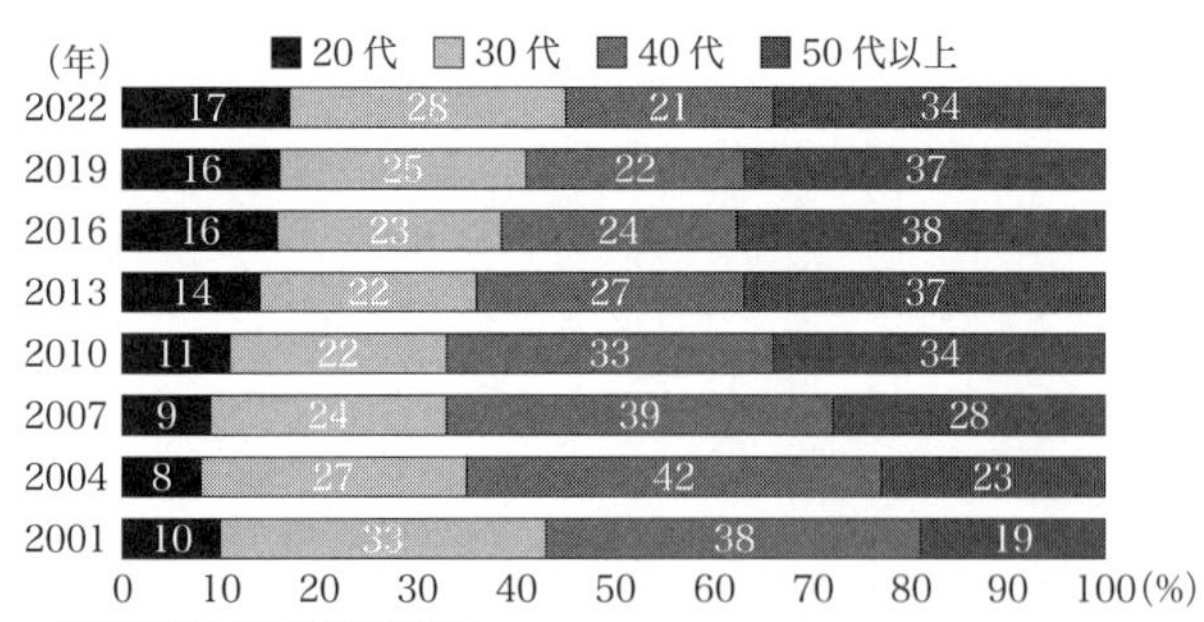

※2022年10月の数値は速報値
出所：図3-9と同じ

図3-10　公立中学校教員の年齢別構成割合の推移

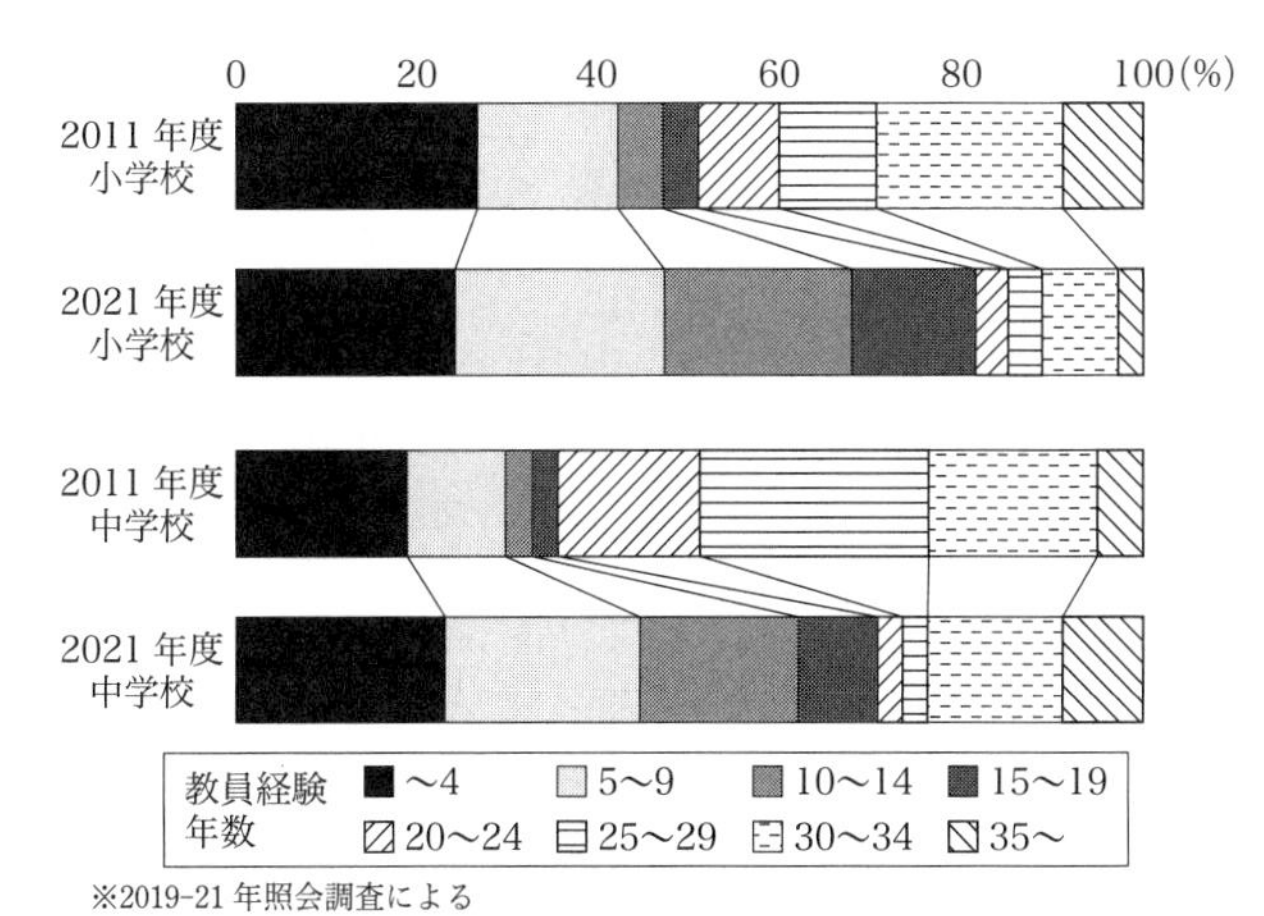

※2019-21 年照会調査による

図 3-11　X 県α教育事務所管内における教員任用状況(2011 年度及び 2021 年度，校種別・教員経験年数別の割合)

教職の専門的力量形成(professional development)に関する様々な研究では、教員の経験年数が専門職化に関わる重要な因子であることが明らかにされてきた。例えば、教職の国際比較研究で知られるアンディ・ハーグリーブスは、プロの教師として子どもの前でとっさに適切な意思決定や判断を行えるようになるためには、各国で共通しておよそ一万時間の経験(八〜一〇年の勤務経験)が求められることを指摘し、それはスポーツや音楽などの領域でプロとして習熟するのに一万時間の練習量が必要であるとされる各種研究とも整合性があると指摘している(ハーグリーブス&フラン 二〇二二)。経験年数の短い一〇年未満の教員が約五割を占め、そこへさらに非正規雇用教員が約二〇〇〇人雇用されているX県の実態は、教職の専門性に負の影響を及ぼしている可能性を示唆している。

さらに、非正規依存率の高まりとともに、教師の仕事が自由裁量労働にもとづく専門的な職種から、時間によって労働管理される不安定な労働へと変化しつつあることもうかがえる。イギリスの労働経済学者ガイ・スタンディングは、「不安定な(プレカリウス)」と「労働者(プロレタリアート)」という語を組み合わせて「プレカリアート化」という造語でこの変化を表現し、警鐘を鳴らしている(Standing 2014)。またアメリカのジェンダー問題を研究するマーギー・バーンズらは、プレカリアート化は一つの職業内で分断や階層化を引き起こすうえ、女性を一層不利な立場に追い込みやすいことを指摘している(Burns et al. 2019)。

教員不足の結果、いま日本の学校では、正規雇用教員と非正規雇用教員との分断が少しずつ進行し、専門職としての教職のあり方を変容させている可能性が高いといえるだろう。例えば、第1章でみた亜美先生のように、職員室で子どもの「ちょっといい姿」を話して共有したくなる先生と、「休み時間くらいほっといて」と夜のインスタ・ライブ配信のことを考えている先生との違いのように、である。

第4章　なぜ教員不足になったのか(1)

――行財政改革の帰結

前章までで、教員不足とはどのような状態のことなのか、学校の中で何が起きているのかについて、独自の調査によって明らかにしてきた。本章では、なぜ教員不足がこれほどまでに深刻化してしまったのか、不足が起きたメカニズムを明らかにしていきたい。

世界的な常識として、各国で教員不足が深刻化するのは、基本的に子どもが増えて教員の需要が増加する時期である。単純に考えれば、日本は少子化が急激に進んでいるし、教員需要を激増させる改革も行われていないのだから、教員の数がこれほど不足するはずはないのである。いったいなぜ、少子化なのにこれほど先生が不足するような事態になってしまったのだろうか。先行研究を踏まえて、教員不足に至ってしまった過程をみてみよう(青木 二〇一三、金子 二〇一四)。

正規雇用教員の削減

教員不足のうち、その第一段階、つまり配置されるべき正規雇用教員が四月からあらかじめ削減されている状態が生まれるきっかけとなったのは、一九九〇年代以降の行財政改革だった。一九九三年に、日本の政治史に残る変化が起きた。自由民主党が衆院選で大敗し、非自民八党派からなる細川護熙連立政権が発足したのである。自民党の下野は、一九五五年以降の日本の政治体制、つまり自民党が与党第一党として政権を握り、日本社会党が野党第一党として対立する「五五年体制」の終焉を意味していた。これ以降の日本政治の変化が、教育の領域にも大きな影響を及ぼしていった。

三年後の一九九六年、村山富市内閣が総辞職した後に発足した橋本龍太郎政権は、六大改革(行政改革・財政改革・経済構造改革・金融システム改革・社会保障改革・教育改革)の方針を発表し、国と地方の関係の見直しを進めた。この方針は二〇〇一年に発足した小泉純一郎政権にも引き継がれ、「聖域なき構造改革」という標語のもとで、国庫補助負担金・税源移譲・地方交付税の三つを一体として改革する「三位一体の改革」が行われた。

バブルが崩壊し、日本経済が厳しい状況に陥るなか、国の財政を合理化するとともに、地方分権を拡大し、地方においても歳出の合理化を促すことが期待されていた。財政の健全化に向けて人件費の削減が課題となり、国家公務員と地方公務員の定員削減が目指されることになった。公立学校教員を含む地方公務員については、一九九六年の三二八二万人をピークとして、二〇一八年までの約二〇年間で連続して五五万人(約一七パーセント)の削減が行われていくことになる。

この改革の流れのなかで、教育の領域では、国家公務員に関しては国立大学の法人化による大学教員の削減に加え、国が人件費を負担する公立学校教職員の削減が大きな課題となった。文科省の年間予算の約半分を占めるのが、国立大学の運営に必要な予算(国立大学運営費交付金)と、学校教職員の人件費(義務教育費国庫負担金)の二つであり、特に後者は最大の費目だからである。公立学校の先生たちの人件費をどう合理化するのか、そのために教員の人数や給料を誰がどう負担していくのかが、大きな論点となったのである。

結論を先取りすれば、これらの削減改革の中で、学校教員が不足しないようにつくられてきた従来の仕組みが、ことごとく失われていったのだった。以下、その過程を具体的にみていこう。

教職員定数改善計画の中止

まず、小泉政権が発足した二〇〇一年に策定された第七次の教職員定数改善計画(二〇〇五年度まで)において、学級規模を縮小する見直しは行わないこと、教員の基礎定数を増やさない代わりに加配定数を付けることが決定された。この決定が、それ以降の二〇年間の教育界にどれほど大きな意味をもったかは、いくら強調してもしすぎることはない。この決定が何を意味していたのか、以下四点に絞って説明しよう。

第一にこれは、二〇〇一年度以降はさらなる少人数学級化は目指さない、つまり教員の基礎定数は増やさないという政府の方針を意味していた。基礎定数とは、基本的に学校数や学級数に応じて配置される正規雇用の教員数のことである(第2章参照)。日本では、公立学校の教育水準(子どもたちの学習環境)を、一学級の標準人数を引き下げる政策を通して改善してきた。一九五八年に義務標準法が制定された当時、義務教育段階の一学級は五〇人以下とされていた。

学級のすし詰め状態を改善して少人数学級化を進めるためには、より多くの教員等が必要になる。その担任を雇用するのは地方自治体であるため、国は教員数を増やすための人件費を中長期的に補助する計画を示すことで、自治体が安心して教員採用計画を立てられるようにしてきた。これが前述した教職員定数改善計画である。一九五九年度からこの計画が開始され、第一次計画(一九五九〜六三年度)から始まって、第二次計画(一九六四〜六八年度)で四五人学級を実現した。さらに第三次(一九六九〜七三年度)・第四次(一九七四〜七八年度)計画によって三学年以上をまたぐ複式学級を解消し、第五次計画(一九八〇〜九一年度)で四〇人学級を実現してきた。

定数改善といっても、教員の実数を増やし続けてきた訳ではない。日本の児童生徒数は、第一次ベビーブーマーが就学年齢を迎えた一九五八年度に一八四〇万人に達した後に減少する。そして再び増加に転じ、第二次ベビーブーマー(一九七一〜七四年生まれ)が就学年齢を迎えた一九八二年度に一七二二万人と第二のピークを迎えたが、それ以降は四〇年以上ずっと減り続けている。つまり教員需要が二回目のピークに達した一九八三年度から第五次計画が終わる一九

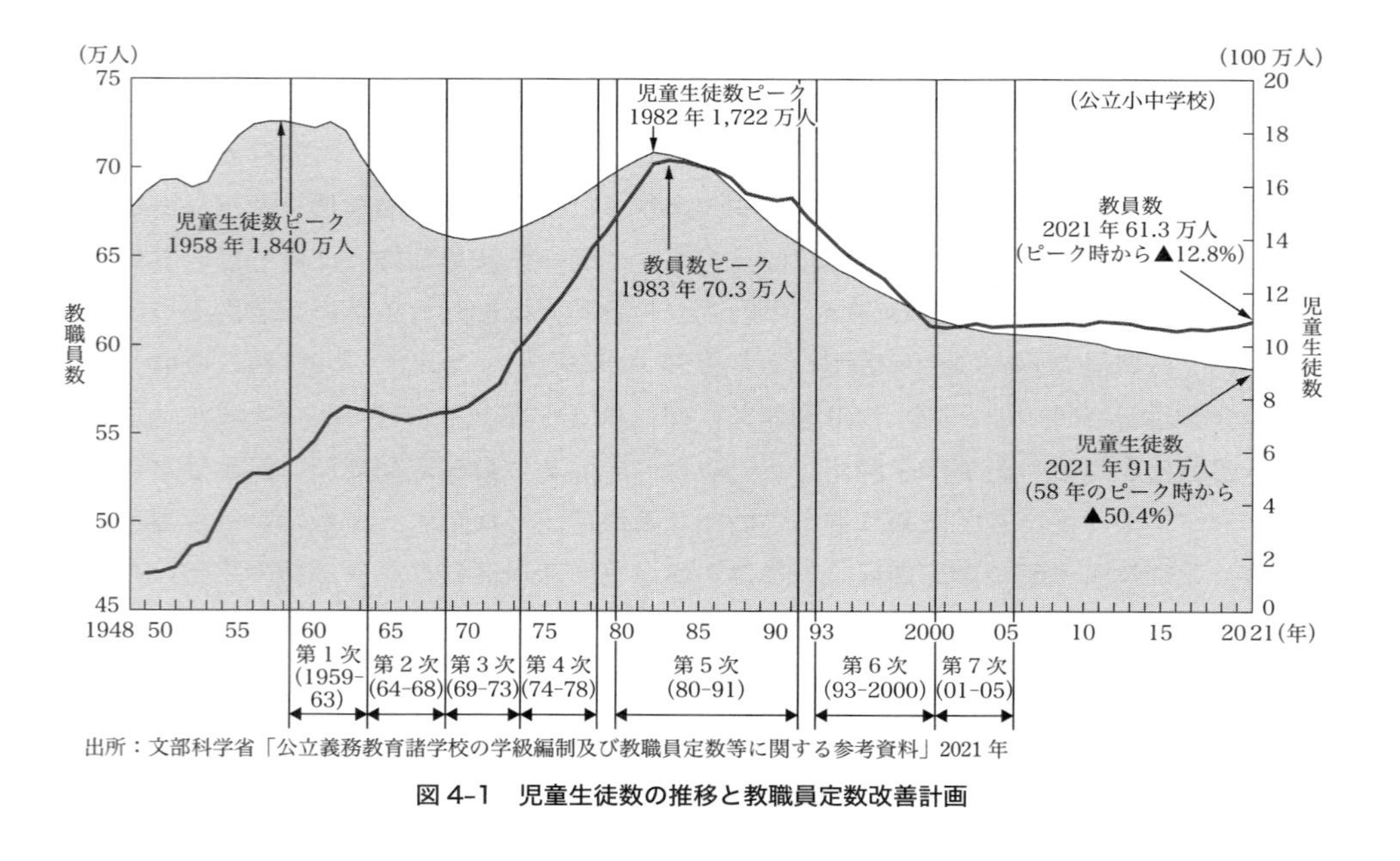

出所：文部科学省「公立義務教育諸学校の学級編制及び教職員定数等に関する参考資料」2021年

図4-1　児童生徒数の推移と教職員定数改善計画

九一年度までは、子どもの数は減るが、教員数を維持することによって、子ども一人あたりの教員数を改善してきたのである(図4-1)。

実は、日本の教員不足は今に始まったことでなく、戦前から断続的に繰り返され、様々な努力が重ねられてきた(唐沢 一九五五)。戦後も、子どもの数が増える時期は教員の実数を増やさなければならなかったが、そうした財政負担が重くなる時期にあってさえ、少しでも子どもにとっての学習条件を改善しようと、教頭や栄養職員の定数化を進めるなどの細々とした改善が地道に重ねられていた。

しかし、教員の基礎定数を増やすことで子ども一人あたりの教員数を改善する計画は、一九九一年、バブル崩壊後の混乱の中で策定された第六次計画(一九九三~二〇〇〇年度実施)で停止された。そしてついに、二〇〇一年度の第七次計画において、学級規模を小さくしても学力が向上する効果が実証されていないとして、学級規模を縮小しない、つまりこれ以上の教員数の改善は行わないことが決定されたのである。第七次計画が終了した二〇〇五年度以降は、教員定数を改善するための中長期計画をつくること自体が中止され、現在に至っている。そのため、地方自治体は、二〇〇一年度以降、教員の基礎定数は増えないことを前提に教員採用計画を立てなければならなくなったのである。

教員の非正規化

第二に、基礎定数は改善せず、増やすとすれば単年度措置の加配定数で増やすという政策は、教員の非正規化を拡大する強力なインセンティブとなった。

第七次教職員定数改善計画では、教員の基礎定数は改善しないが、代わりに加配定数を改善することが決定されていた。加配定数とは、国が定めた特定の目的に応じて、単年度限りの予算をつけて教員を配置する数のことである。加配定数は、教員の雇用形態を指定しているわけではないから、もちろん国が用意した加配定数分の教員を地方自治体が正規雇用することは可能である。

しかし地方自治体からすれば、もしも国の給与負担が単年度しか保障されない加配教員を正規雇用するなら、翌年以降に加配定数がつかなくなった場合、給与費全額を定年まで負担していく財源が必要になる。したがって、実際には加配定数のほとんどは、非正規雇用の教員枠としてしか機能しないのである。また実務面でも、加配定数の決定時期が毎年度秋以降と遅いため、翌年の教員採用計画には間に合わない。そのため、二〇〇一年度以降は加配定数分のほとんどは非正規雇用となり、教員の非正規化が急激に促進されていった。

国の主導的役割の維持

第三に、この加配政策は、地方分権化が進むなかで、国の主導的役割を維持する意味をもっていた。加配定数の教員は、例えば算数の時間だけ少人数クラスに分けて指導を行うための教員というように、国が定める特定の目的にしか配置できない。つまり、教員の加配定数を獲得するためには、国が指定した教育政策を地方自治体が採用しなければならない。また、基礎定数の配分方法があらかじめ計算式で定められているのとは異なり、加配定数についてはどの自治体に何人配分するかの決定権を文科省がもつ。

加配定数という仕組みそのものは、すでに一九六八年につくられていた。しかしそれは、地域に産炭地や同和地区があるなどの社会的条件に即して、限定的な特例として教員を加配する制度であった。ところが第六次計画以降は、加配制度が教員配置政策の中心になり、第七次計画でその方向が決定づけられた。つまり、二〇〇一年度以降は、国が進めたい教育政策を採用する場合にだけ教員給与を補助するという加配政策によって、地方分権への動きが進むなかにあっても、文科省は教員政策における主導的役割を維持することになったのである。

加配定数と実態の乖離

第四に、加配定数がいくら増やされても、加配定数分の教員数が必ず学校に配置されるとは限らない。メディアは政府が発表した予算編成を報道するだけなので、一般の人々は加配定数が何人分ついたと報道されると「先生の数が増やされたんだな」と勘違いしてしまう。しかし、基礎定数と異なり、加配定数の予算は地方自治体が申請しなければ執行されない仕組みになっている。しかも、ひとたび申請したら必ず、申請した人数分の非正規雇用教員を雇用しなければならない。国の予算をとってきて執行できなければ大変なことになってしまうため、どの自治体も非正規雇用教員を採用したい気持ちはあるが、申請そのものがとても難しいのである。このように、国が加配定数の予算をつけても、実際に学校現場にその人数分の教員が配置されるわけではない。

例えば二〇二〇年五月に、新型コロナウィルス感染症対策として小六と中三に少人数指導をするための加配教員三一〇〇人分が補正予算に計上され、大々的に報道された。しかし、もとからの教員不足にコロナ禍の混乱が加わった状況において、急に非正規雇用教員を見つけることは困難であり、多くの自治体が申請すらできなかったという実態があった。そして、この補正予算によって実際に何人が現場に配置されたかはほとんど報道されず、一般市民には知られないままとなっている。

以上のように、二〇〇一年度からの第七次教職員定数改善計画以降は、①正規雇用教員は増やさない、②増やすとしたら非正規雇用で増やす、③文科省の教育政策に従う自治体にのみ非正規雇用用の人件費が多く措置される、④実際に何人が加配されたかは公表されない、という教員政策になったのである。

教員数の地域格差の拡大

教員定数が改善されなくなっただけでなく、二〇〇一年度以降は、教員数の地域格差が拡大していくようになる。

二〇〇一年には、第七次教職員定数改善計画と連動して、義務標準法と関連諸法も改正された。前述のように、義務標準法では、公立小中学校や特別支援学校初等部・中等部に、それぞれ何人の先生を配置するか、標準的な数を決める仕組みが定められている。教職員定数制度と呼ばれる。

もともと、この義務標準法の目的は、教育の地域格差の是正にあった。一九五八年に制定された当時は、地方自治体の財政力の差によって、学校にいる先生の数や、一学級あたりの子どもの人数に、大きな格差が生じていた。これを改善し、子どもがどの地域に生まれても、適正な学級規模で学校教育を受けられるように保障することが目指された。そして、この法律によって算出された標準的な教員数は、国が負担する給与費の算出基準や、国が地方自治体に交付する地方交付税の算出基準として、重要な指標とされたのである。

ところが、地方分権が目指されるなかで、二〇〇一年にこの法律が改正され、本来の目的である教育の地域格差を是正するために設けられた様々な規制が、抜本的に緩和された。大きな改正点は二つあった。

一つは、学級編制の弾力化である。この改正によって都道府県教育委員会の裁量が拡大され、各自治体が、独自に学級編制の基準を定めることができるようになった。例えば、「うちの県では独自に三五人学級を始めます」というように、地方自治体独自の教育政策が可能になったのである。これは裏返せば、自治体の財政力によって、少人数学級を推進できる自治体と推進できない自治体の間に差が生じる、ということでもある。つまりこの法改正は、国主導で地域格差を縮小しようとする方向から、地方裁量を拡大し、結果として地域間の教育格差が生じてもやむなしとする方向への転換を意味していた。義務標準法の制定時とは、逆の方向にむかって舵が切られたといってよい。

実際に、二〇二三年度に小中学校で三〇人以下の学級を独自財源で実施している都道府県・政令市が二〇自治体もある。ただし、教員定数は増えていないので、自治体独自の少人数学級化によって増えた学級担任分の人件費は、自治体がすべて負担しなければならない。そのため多くの自治体では、給与の低い非正規雇用教員を増やして担任として配置したのである。国の定数改善がなされないなかで、地方自治体の裁量で進められた少人数学級化は、教員数の格差拡大だけでなく教員の非正規化を進める要因ともなってきたといえる(山﨑他 二〇一七)。

もう一つの改正点は、「定数崩し(定数砕き)」である。二〇〇一年までは、義務標準法が各学校に配置するよう定める基礎定数分の教員は、正規雇用の先生だけで確保することが前提とされていた。それ以前も非常勤講師を各自治体が雇用することはできたが、その数は教員定数に含めることはできず、その給与には国からの補助金は使えなかった。ところがこの改正で、非常勤講師や再任用教員を雇用して少人数学級の指導等を行えるようになった。つまり、一人の正規雇用の先生の人件費を、複数の非正規の人件費に「砕い」ても、国からの補助金を使えることになったのである。

換言すれば、この改正によって、学校の担任の先生については基本的に(産休代替教員などの特例を除き)正規雇用した教員を配置しなければならないという歯止めが失われたのだ。この時期は、一九九〇年代のバブル崩壊による不景気の影響を背景に、日本社会全体において労働者派遣に関する規制が次々と緩和され、非正規雇用が急激に拡大していた時期だった。

こうして、正規雇用教員を非正規雇用に置き換える政策が、二重に開始された。教員定数改善計画で増やされた定数が、加配という非正規雇用枠になったのに加えて、正規雇用であったはずの基礎定数分の教員も、非正規雇用教員に置き換えられるようになったのである。

教員の数を保障する仕組みの喪失

また二〇〇一年以降、義務教育費国庫負担法も、規制緩和・地方財源移譲の方向で次々と改正され、結果として教員の数や待遇を悪化させるきっかけとなっていった。

義務教育費国庫負担法とは、義務標準法と同じく、地域間の財政格差によって子どもの教育を受ける権利に不平等が生じないようにすることを目的として、一九五二年に制定された法律である。国が教職員の給与の二分の一を負担し、また残りの額については地方自治体の一般財源となる地方交付税によって負担することによって、教員を多く雇える都道府県とそうでない都道府県との差が開かないようにすることが目指されていたのである。

しかし、国の行財政改革の中で、地方分権改革推進会議が、二〇〇二年にこの義務教育費国庫負担制度の見直しを提言し、二〇〇三年にはさらに踏み込んで中長期的な廃止・縮減を提言した。この動きに対して文科省や教育界からは、義務教育はすべての国民に無償で提供されると憲法によって定められており、子どもが教育を受ける機会を均等にするためにも、財源の安定的確保が必要であるとの声が上がった。

教員給与の削減

攻防の末、二〇〇四年に義務教育費国庫負担法が改正され、まず総額裁量制が導入された。

それまでの義務教育費国庫負担制度は、俗に「定員定額制」と呼ばれる仕組みだった。単純化して説明すると、国が負担すべき教員の給与費を計算する方法として二〇〇四年までは、①義務標準法にもとづいて「標準的な教員数」を算出し、②その人数分の人件費の上限を、国立大学附属学校の教員の給与等に準拠して計算し、③その総額の二分の一を国が負担し、残りの二分の一を各自治体が負担する方法になっていた。そのうえで、④国が負担する上限額を厳密に算出するために、給料や諸手当の費目ごとに上限が定められるなど、細かなルールが定められていた。教員の給与や手当は、職位や年齢によっても異なるうえ、都道府県ごとに教員の年齢構成も異なるため、教員数が同じだとしても、実際に必要とされる給与の実額は異なるからである。

二〇〇四年までの仕組みは、国の側からみれば、教員の雇用者である地方自治体が勝手に給料を引き下げたりできないようにする機能をもっていた。国がせっかくお金を渡しているのに、もしも財政難の自治体が勝手に教員給与を下げて、給与の低い自治体に教員が集まらず、その地域の子どもがまともに学校教育を受けられなくなってしまったら望ましくないからである。また同時に、教員の側からみれば、この仕組みは、国が教員給与の標準額と財源をしっかり保障し、いわば教員給与を守る機能をもっていた。

しかし、地方自治体からみれば、国から用途を厳密に制限される仕組みでは自由裁量の余地に乏しく、使い勝手が悪い財源となっていた。そこで、二〇〇四年に公布・施行された政令により総額裁量制が採用されたのである。教員の人件費について、国が負担する最高限度額の算出方法が変更され、また費目ごとの限度額がなくなった。国が定めた限度額以内であれば、地方自治体が教員給与の種類や額を、自由に決定できることになったのである。例えば、教員全員の給与を下げることで予算を捻出し、校長評価の高い教員だけボーナスを増額するといった「メリハリのある給与体系」の創出や、正規雇用教員一人分の人件費で非正規を二人雇って教員総数を増やすといった工夫が、可能になったのである。

この総額裁量制の導入によって、地方自治体からすれば独自の教育改革を行える裁量の幅が広がったが、地方自治体に雇用される教職員側からみれば、給与や待遇の安定性が失われることになった。

教員給与を保障する仕組みの喪失

二〇〇四年に行われた国立大学の独立法人化改革も、教員給与を保障する仕組みを失わせるという、意図せざる結果をもたらしていた。国立大学の法人化に伴い、国立大学の附属小中高等学校の教員が国家公務員ではなくなった。それまでは、人事院勧告をもとに国立大学附属学校の教職員の俸給表が作成されていたため、国は、前述のようにこの俸給表に準拠して、全国の自治体の公立学校教員の給与総額を算出していた(国立学校準拠制度)。ところが、国立大学の法人化によって、準拠すべき俸給表自体が失われてしまったのである。

国公立学校教員は、基本的人権の一つである労働基本権を一九五〇年以降制限されていた。労働組合は結成できるが、労働協約締結権は認められず、ストライキも禁止されているため、労働条件について実効性のある異議申し立てを行うことが難しい制度下に置かれてきた。教員の異議申し立てを許さないかわりに、人事院が民間給与との格差などを調査し勧告する制度によって、教員の給与を適正に保つ仕組みが保たれてきたのである。

しかし、国立大学が法人化された結果、国立大学附属学校に勤務する教員は国家公務員ではなくなり、人事院は学校教員の給与に関与しなくなった。つまり、公立学校の教員は労働基本権を制限されたままなのに、その教員給与を適正なものにする公的な仕組みまで、失われてしまったのである。

建前としては、その後は各都道府県または政令市に設置された人事委員会が、毎年当該地域における民間給与の実態調査を行い、議会と知事に向けて報告と勧告を行って、この勧告をもとに給与等に関する条例をつくることになっている。しかし髙橋哲の研究によれば、実際にはほとんどの都道府県でこの人事委員会は機能していない(髙橋 二〇二二)。

そもそも、一九七〇年代に成立した教員の待遇を改善する二つの法律(「公立の義務教育諸学校等の教育職員の給与等に関する特別措置法(給特法)」と、「学校教育の水準の維持向上のための義務教育諸学校の教育職員の人材確保に関する特別措置法(人材確保法)」)は、待遇を改善する「アメ」と引き換えに、教員組合を分裂させる「ムチ」の政策を伴っており、一九八〇年代末以降の組合分裂と組織力の低下によって、教員は労働条件について声を上げることがほとんどできなくなってしまったのである。

以上の結果、二〇〇一年以降日本の教員給与は大きく低下し、その低下率は世界的な注目を集めた。二〇一九年のOECDの国際比較調査によれば、加盟国の多くが二〇〇〇年以降教員の給与を大幅に上昇させてきたにもかかわらず、日本は給与を下落させた数少ない国の一つであり、しかも二〇一七年の教員の給与水準は二〇〇五年に比べて約一〇パーセントの低下だった。これはギリシャに次ぐ下落率の高さだと特筆されている(OECD, *Education at a Glance 2019 OECD Indicators*, 2019, Table D3.5a)。

国庫負担を三分の一に減少

義務教育費国庫負担制度はさらに改正され、二〇〇六年には国庫負担の割合が二分の一から三分の一に縮減されることになった。文科省は、前述の通り国庫負担制度の存続を強く主張したし、全国知事会など地方自治体の側からも二〇〇四年の総額裁量制導入によってすでに地方自治体の自由度は増しているとして、国庫負担制度廃止に反対あるいは慎重な意見が相次いだ。そのため、制度そのものは維持されることになったが、国の負担割合が縮減され、教員給与の三分の二を各自治体が負担することになったのである。

その結果、地方自治体の財政状況に応じて、自治体間で教員の給与や待遇、あるいは教員の数や雇用形態(非正規雇用教員の割合)などに、大きな差が生じるようになっていった。この差は、二〇一七年度以降、県から政令市へ権限が委譲され、政令市が教職員の給与を負担し、教職員数や学級編制基準も独自に決定できるようになったことで、さらに広がっていった。

地方公務員の削減と非正規化

二〇〇六年にはさらに、公務員の削減に関する国の「集中改革プラン」も始まった。一九九七年に橋本政権下で「地方自治・新時代に対応した地方公共団体の行政改革推進のための指針」が示され、任期の定めがない(正規雇用の)地方公務員数の増員を抑えること、そしてできる限り減らすことを国が地方自治体に要請していた。これに拍車がかかり、二〇〇六年に小泉政権下で成立した「行政改革推進法」は、五年間で総定員の四・六パーセント以上の純減を、地方自治体に求めたのである。

教員を中心とする教育部門は、地方公務員の中で約三〜四割を占める最大の部門であったから、正規雇用の教員数を減らすことが、絶対的な既定路線となったのである。

実際にこの集中改革プランによって、日本はわずか五年間で二三万人の地方公務員の削減を行った。この地方公務員削減は、二つの手法によって行われた。一つは、アウトソーシング手法である。例えば、民間の団体を指定管理者にして行政サービスを代行させるとか、ある部局をまるごと地方独立行政法人化して地方自治体とは別の団体にし、その団体に行政サービスを行わせるとか、行政サービスを民間委託する、などである。

もう一つの手法が、職員の非正規雇用化である。正規雇用職員を減らし、非正規雇用の職員に置き換えることで、見せかけ上の公務員数の削減を達成していたのである。

いわゆる終身雇用の公務員の数は大幅に削減される一方、任期付職員・臨時職員・非常勤職員の数は急激に増加していった。二〇二〇年の総務省調査によれば、全国のすべての地方公務員の非正規率は二九パーセント、このうち市区町村の職員の非正規率は四四・一パーセントにのぼる。教員も含めて、地方公務員の三人に一人は非正規雇用になっているのが実態である。

非正規公務員の実態を調査している上林陽治(かんばやしようじ)は、「もはや公務員は安定した職業ではない」と指摘している(上林 二〇二一)。

ただし、警察部門(警察官)と消防部門(消防官)だけは削減の対象とならず、一貫して増加を続けていることには注意が必要である。二〇〇六年から一八年の地方公務員数を職務別にみると、一般行政職が約一三万人、教育職も約一三万人削減される一方、警察職は約一万五〇〇〇人増やされ、消防も約六〇〇〇人増えている。しかも、二〇一六年以降も削減され続けているのは教育職だけで、厳しい削減の対象とされ続けている(総務省自治行政局公務員部給与能率推進室「平成三〇年地方公共団体定員管理調査結果」二〇一九年、髙橋 二〇二二)。

行政改革の帰結としての教員不足

以上のように、国は一九九〇年代以降、基礎定数は増やさないという大原則を維持してきた。そして第七次教職員定数改善計画が終わった後、二〇〇六年度には第八次計画は策定されず、それ以降は単年度ごとの措置にとどまってきた。

ただし、例外として民主党政権下の二〇一一年に、小学校一年生のみ三五人学級が認められ、基礎定数が改善されている。文科省は二〇一〇年に、「新・公立義務教育諸学校教職員定数改善計画案」をまとめ、小中学校全学年での三五人学級を実現した後、小学校一、二年の三〇人学級を実現させる八年間の定数改善を計画していた。この計画は、少子化による自然減を差し引くと、約二万人の定数純増を予定するものだった。しかし、予算折衝の結果として、認められたのは小一の三五人学級のみで、小二以上については実現しなかった。

そして、四〇人学級に据え置かれたまま、二〇二〇年に新型コロナウィルス感染症の大流行に襲われたのである。教室環境は過密で、子どもを午前登校と午後登校に振り分けて、教員が一日二回も授業を行うなどの大変な対応を余儀なくされた。この事態に陥って、ようやく二〇二一年に義務標準法が改正され、小学校のみ五年間をかけて三五人学級を実現させることになった。これは一九八〇年第五次計画開始以来、四一年ぶりとなる学級編制標準の大幅改善であり、教員の基礎定数の改善であった。しかし、中学校や高校の学級編制の標準は、未だに四〇人のままである。

このように基礎定数がほとんど改善されず、加配定数のみの改善に留まった結果、非正規雇用教員が増え続けることになった。二〇一一年の文科省調査によれば、全国で一一・二万人(全体の一六パーセント)の非正規雇用教員が公立小中学校に存在していた。当時すでに、子どもが学校で出会う教員の六人に一人は非正規という状態になっていたということになる。非正規雇用教員の総数や割合は、文科省でさえ把握できていないが、現在では大幅に増加していることは確実である。

しかも、都道府県・政令市ごとの非正規率に大きな差が生じ、その差が拡大している。例えば、二〇二一年度の教員定数に占める正規雇用教員の割合は、沖縄県が最も少なく八二・三パーセント、奈良県八五・九パーセント、宮崎県八八・〇パーセントと続き、東京都の一〇四・五パーセントからは大きな差が生じている。義務標準法が定めた教員数の標準を、正規雇用教員で確保できているのは、東京都だけになっている(図4―2)。

総じて、以上のような行財政改革と地方公務員削減を背景として、教育予算は絶対に増やさないという国の政策下で、正規雇用教員の削減と、非正規雇用教員への置き換えという二重の政策が進められてきた。この結果、年度の最初から学級担任を欠員にしておき、非正規雇用教員に学級担任をもたせる教員配置計画が全国に広がり、非正規雇用教員がいなければ担任が埋まらない体制になってしまったのである。

非正規依存を高めるなら、需要拡大を見通して教員免許を取りやすくするなど、非正規雇用教員のなり手を確保する対策を打たなければ、教員が足りなくなるのは必定だった。しかし、国は、安倍晋三政権下の二〇〇七年に教育職員免許法を改正し、教員免許を取りにくくするとともに、教員免許に有効期限をつけて更新制を導入した。つまり、国は非正規雇用教員の供給を大幅に減らす政策を同時に推し進めたのである。ロジスティクス(補給)を考えない教員政策の帰結が、現在の教員不足なのである。こうした教員政策の流れについては、次章で詳しくみていこう。

石川県	91.9	7.8	100.3
大分県	91.8	6.9	99.5
山口県	91.5	6.8	99.7
神奈川県	91.5	9.6	104.1
島根県	91.4	8.5	103.4
広島県	91.3	6.4	100.0
岡山県	91.3	8.2	102.2
茨城県	90.9	7.6	101.1
岐阜県	90.6	6.4	99.1
徳島県	90.5	8.6	99.4
熊本県	90.2	9.0	99.4
兵庫県	90.2	9.5	101.9
三重県	90.0	11.1	103.8
愛知県	89.8	9.5	101.7
京都府	89.4	10.4	102.9
和歌山県	89.3	9.3	101.4
福岡県	89.2	9.9	100.0
埼玉県	89.2	10.4	100.2
大阪府	88.4	10.8	99.9
鹿児島県	88.3	11.2	99.8
長野県	88.0	11.1	100.0
宮崎県	88.0	11.8	100.5
奈良県	85.9	14.8	101.1
沖縄県	82.3	17.0	99.5

60 70 80 90 100 110(%)

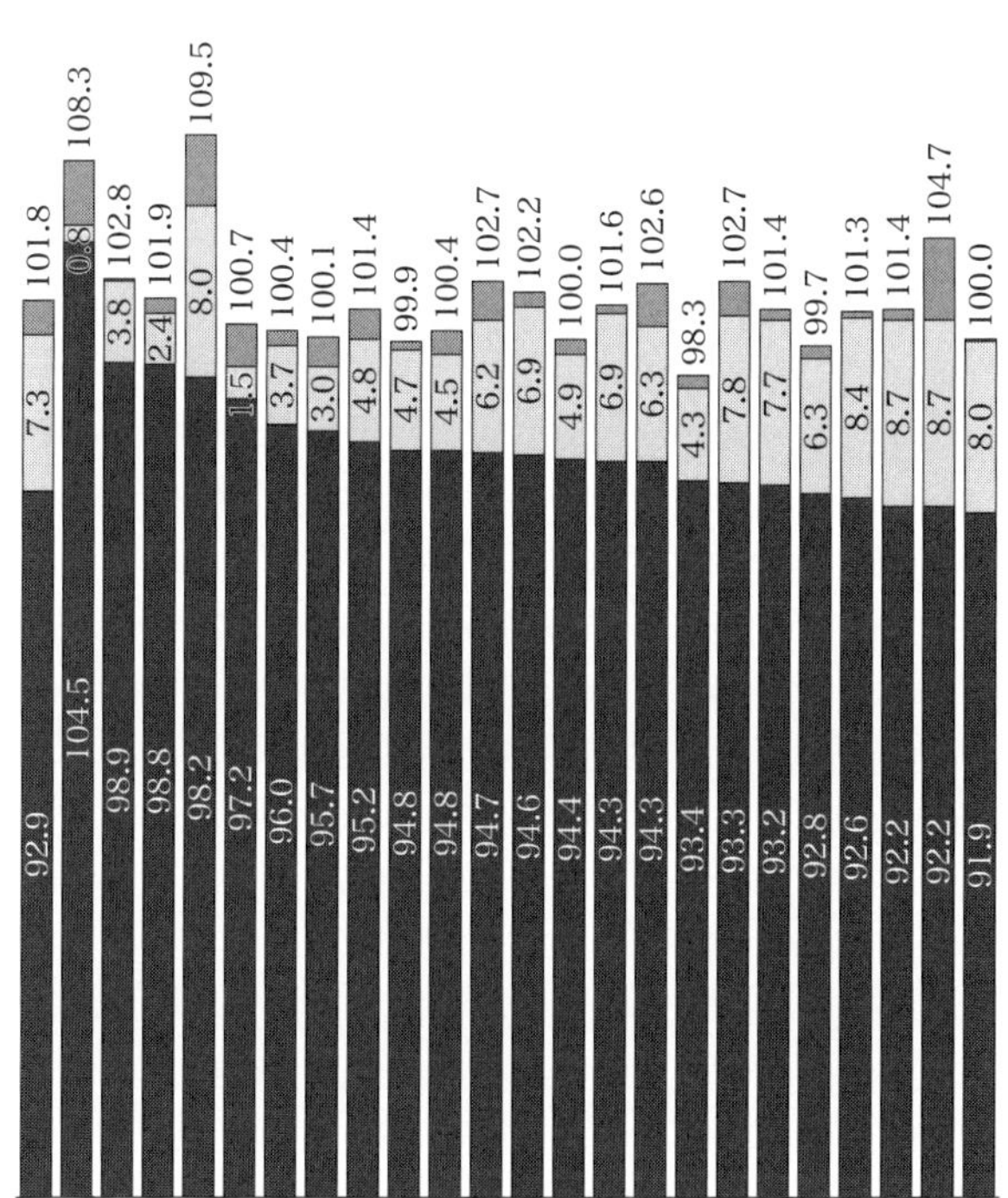

出所：文部科学省「公立小・中学校等の教員定数の標準に占める正規教員の割合（令和3年度）」をもとに作成

図 4-2　公立小中学校等の教員定数の標準に占める正規教員の割合（2021 年度）

第5章　なぜ教員不足になったのか（2）

——教育改革の帰結

本章では、前章でみた行政改革だけではなく、教育改革も教員不足を引き起こす大きな要因となっていたことを明らかにしたい。学校と教員は行財政改革と教育改革の二重のターゲットにされてきたのである。

財政改革によって教育予算が大幅に削減されるようになってからも、文科省や各都道府県教育委員会は、以下のような教育改革を続けた。二〇〇〇年以降の教育改革の流れをみてみよう。

効率性を追求する組織改革

まず、強いリーダーシップで効率性を追求する組織改革が行われた。

二〇〇〇年に学校教育法施行規則が改正され、校長の権限が強化されたうえ、職員会議は校長の補助機関とされた。例えば東京都は、二〇〇六年に「学校経営の適正化について」という通知を出し、校長が職員会議で挙手や採決により教職員の意向を確認することを禁じた。さらに二〇〇七年の学校教育法改正によって、副校長や主幹教諭という中間管理職を任意で増やせることになり、多くの自治体ではそれまでの教諭の上に校長がいるという鍋蓋（なべぶた）式組織から、職階の多いピラミッド型組織への変革が進んだ。

この学校組織改革は、地方自治体の首長を頂点とする教育行政改革と同時進行だった。二〇一四年、「地方教育行政の組織及び運営に関する法律(地教行法)」の改正により、教育長とそれを任命する首長の権限が強化された。

しかし、このように教育行政と学校組織がトップダウン型の組織へと改革されたことは、逆に教諭や講師の側からみれば、その地位が相対的に下げられて、自分で判断できる裁量の幅が縮小されたことを意味していた。何をするにも管理職の許可が必要になり、その管理職がさらに上の管理職の許可を必要とすることも増えた。

その結果、たった一枚の学級通信を発行するにも以前より労力と時間が必要になった。皮肉にも、効率性を追求する組織改革が、逆に非効率を生む側面を伴っていたのである。

教員評価体制の導入

また、限られた財源の中で、頑張っている教員に報いる給与体系をつくりたいと、多くの自治体は「メリハリのある給与改革」を掲げ、教員評価を導入した。校長による評価の低い教員の給与を減らし、その分を評価の高い教員に配分する改革や、全体の給与水準を下げて生み出した財源で、校長評価の高い教員の賞与を上乗せするといった改革が、自治体ごとに行われた。

また昇進・昇給によって教員の士気を上げるため、中間管理職を増やす組織改革も行われた。

しかし学校は、多様な価値が交差する場所である。教員を誰がどんな指標でどのように評価するかによって、評価結果が異なってしまい、評価の妥当性や公平性に疑問が生じる場合も少なくない。ある子どもにとっては素晴らしい先生が、別の子どもにとってはまったくそうでない先生であったりする。それゆえ、多くの教員が「自分の努力はどう評価されるのか」という不安の中に置かれることになった。

評価を行う校長にとっても、負担や心労は大きかった。そのため、管理職を募集しても応募者が十分に集まらない自治体も少なくない。そればかりか、いったん管理職になったのに本人が願い出て管理職を降格する「希望降任制度」の適用者も増加している(文部科学省「平成三〇年度公立学校教職員の人事行政状況調査」二〇一九年一二月)。

教員免許更新制度による教職の不安定化

教員評価は、評価の低い教員を教壇から排除する動きと連動していた。安倍首相(当時)は首相就任時に「不適格教員の排除」を掲げ、「教育再生」を目指して二〇〇六年に教育基本法を改正した。またすでに述べたように、翌二〇〇七年には教育職員免許法が改正され、教員免許(普通免許状)に一〇年の有効期限が付され、一〇年ごとに三〇時間以上の講習を自費で受けることが義務化されたのである。しかも、新法成立以前に免許を取得した教員も、更新しなければ教員免許が失効することになった。

公務員として身分が安定していることも魅力だったはずの教職は、地方公務員なのに例外的に二〇年に一度失職する可能性のある職業になった。身分の安定性も、教員免許の社会的価値も、切り下げられたのである。実際に免許が失効して教壇に立てなくなってしまう教員が二〇一一年度は九八人、二〇一二年度は一一七人、二〇一三年度には九九人と、毎年度約一〇〇人ほど生じた(文部科学省「第六回教員免許更新制度の改善に係る検討会議 配布資料 失効者数等の推移(第1グループ〜第3グループ)」二〇一四年)。

教育内容の増加

強いリーダーシップと人事評価に根ざした効率的組織への変革とともに、グローバルな学力競争に打ち勝つために、教育内容の改革も求められるようになった。

二〇〇四年には、OECDによる国際学力調査(PISA)で日本が順位を落としたことが大きく報道された。このいわゆる「PISAショック」を受けて、二〇〇七年度に「全国学力・学習状況調査」(全国学力調査)が開始された。文科省は、この学力テストの目的が「調査」であることを強調している。しかし、メディア等では都道府県ごとのランキングが掲載されたり、地域内で学校ごとの順位が校長に知らされたりした。そのため、全国学力調査の結果が上がるよう、学校現場ではテスト対策の授業も求められるようになった。

また、学力調査の結果は、子どもの成績評価に留まらず、教員評価・学校評価へと活用されるようになった。教員は、授業の前にはまず目標を立て、計画書をつくり、授業をした後に検証した報告書を出し、自己評価をしなければならなくなった。いわゆる「ＰＤＣＡサイクル」の徹底である。書かなければならない書類は膨大に増えた。目標評価システムと説明責任システムの浸透は、デヴィッド・グレーバーが『ブルシット・ジョブ』（グレーバー 二〇二〇）で指摘したとおり、やりがいをまったく伴わない事務作業の量を飛躍的に増大させたのである。

しかも、二〇〇二年に完全週五日制が導入されたばかりだったのに、一転して今度は、標準的な授業時数が増やされることになった。小学校では、二〇〇八年改訂の学習指導要領で年間授業時数が五六四五時間、さらに二〇一七年の改訂で五七八五時間へと増やされた。多くの自治体では土曜日の授業が復活し、授業時間確保のために夏休みも短縮されるようになった。

さらに、学習すべき教科や内容も増やされた。すでに一九九八年に学習指導要領の改訂で「総合的な学習の時間」が新設され、まったく新しい教科内容の開発への試行錯誤が続いていた。そこへ、経済界からの要望により、二〇〇八年には小学校外国語活動が導入された。そして二〇一五年には道徳が「特別の教科」となり、成績評価の対象になった。二〇一七年にはプログラミング教育が必修となり、外国語活動も小学校外国語科として教科になった。

教員一人あたりの担当授業時数の増加

授業時数が増やされたのに、前章でみたとおり教員の数は増やされず、むしろ削減されていった。その結果、二〇二二年度に文科省が行った教員勤務実態調査によれば、小学校教員の担当授業時数は、週平均で二三・九コマ、中学校で一八・一コマとなっていた。小学校教員なら一日平均四〜五コマの授業を担当しなければならなくなったということである。この平均値は、授業を免除される場合も多い主幹教諭や指導教諭など、管理職の人数も分母に含まれているため、実際の教員一人あたりの担当授業時数はもっと多いはずである。

これがどれほど大変な事態かを、具体的にイメージしてほしい。どんなに効率的に仕事を遂行しても、勤務時間内に終わらない仕事量である。朝八時から、業務連絡や出席確認、健康観察を慌ただしく行い、一時間目から子どもにつききりで授業を行い、空き時間(授業以外の仕事をする時間)は一コマ四五分程度しかない。昼食中も、配膳や食事指導があるので自分の休憩はできないまま、午後の授業に突入する。小学校高学年なら子どもが下校するのが三時半から四時半ごろになるため、五時の退勤まで一時間程度しかない。

しかし、子どもが帰宅した後も、教員の仕事は膨大にある。子どものノートの点検やテストの採点、欠席児童の保護者への連絡、部活動の指導、学校行事等の準備、特別な支援を必要とする子どもについてカウンセラーとの相談や連携、学校全体の仕事の分担などなど、枚挙にいとまがない。

教員が特に必要としているのが、授業の準備をするための勤務時間である。文部省(当時)は、一九五八年に義務標準法を制定した時、一時間の授業をするには一時間の準備時間等が必要という前提で教職員定数を算出したという。二〇一六年の国会でも、文科省の藤原誠・初等中等教育局長(当時)が、この解釈には変更がないと答弁している(「第一九二回国会衆議院文部科学委員会会議録第五号」二〇一六年一一月二日、六—七頁)。つまり、文科省の解釈どおりに考えれば、小学校教員が毎日五コマの授業を担当するなら、翌日の授業五コマの準備時間がその日のうちに必要だということになるのであり、これだけですでに勤務時間をオーバーしてしまう。

二〇〇六年度の教員勤務実態調査の時点ですでに、授業一コマあたりの準備時間は、小学校教員は約一四分、中学校教員は約二〇分しかない実態が明らかになっていた。それにもかかわらず、さらに授業時数が増やされ、その他の仕事も増やされてきた。

授業方法改革とテスト対策

担当授業時数が増やされただけではない。前述したとおり、全国学力調査に備えたテスト対策の授業が一層求められるようになる一方で、子どもが能動的に授業に参加できるようにする授業方法も求められるようになった。

例えば、二〇〇七年の学校教育法改正によって、授業で学んだことを生活の中に実際に活かす「活用力」や、「思考力・判断力・表現力」の向上も、同時に目指されるようになった。さらに二〇一七年改訂の学習指導要領では、「主体的・対話的で深い学び」(アクティブ・ラーニング)を合い言葉に、子ども自らが問いを探究して、議論しあったり、調べたことをプレゼンテーションしたりする授業方法を取り入れるよう促された。こうして、全国の学校現場では、授業方法の改善が教員に求められていった。教員研修も増えた。

学習評価作業の増加

学習評価の作業も精緻化され、評価に必要な労力と時間が増やされた。

二〇一六年には、中教審が「幼稚園、小学校、中学校、高等学校及び特別支援学校の学習指導要領等の改善及び必要な方策等について」という答申を出した。この答申以降は、新しい学習指導の方法にふさわしい評価方法を導入することが求められるようになった。

以上のような、新しい授業方法や学習評価方法の研究開発は、確かに重要なものであったし、この新たな職務は、学校外に業務委託するような仕事ではなく、まさに教員が学校で担う職務の根幹であった。また、研究開発という職務は、必然的に試行錯誤を内包しており、無駄を省き効率化するのとは逆の性質をもつものであった。

しかし、研究開発に専念できる教員の配置や、教員一人が担当する生徒の数を減らす措置などもほとんどなされないまま、学校現場への要求だけが重ねられていった。

教員自身の学習機会の縮小

授業の内容にも方法にも工夫が求められるようになったが、教員が自分の学びたいことを自ら学ぶ機会は、次第に制限されるようになった。

きっかけは、二〇〇二年に文科省から「夏季休業期間等における公立学校の教育職員の勤務管理について」という通知が出されたことだった。この通知が、一部の校長によって過度に制約的に解釈され、厳しく運用された結果、夏休み中でさえも自主的研修がほとんど認められなくなり、授業がなくても学校にいなければならなくなってしまった。一年から二年間の長期研修として、教員養成系大学に設置されている大学院に派遣される教員の人数も縮小されていった。

一九七〇年代までは、文部省(当時)は、教員が教育公務員特例法第一九条(現第二一条)の定める「研究と修養」に努められるよう、勤務時間を配慮することを奨励していた(一九七一年七月九日付文部事務次官通達など)。ところが二〇〇二年度以降は、自主的な研究よりも、課された研修を「受ける」よう奨励されることになった。二〇二二年度以降は、教員免許更新講習に代わる研修が新たに課され、研修を「受けた」記録の管理制度が構築されつつある。久保富三夫は、「研修」は、能動的に「研修する」ものから、「研修を受ける」ものへと変化してしまったと鋭く指摘している(久保 二〇一七)。

授業をめぐる価値観の対立

ところが、教育内容の充実を目指す動きの一方で、学校現場が直面する困難は、どんどん増していった。二〇〇一年のアメリカ同時多発テロ事件以降、日本でも価値観の多様化とイデオロギーの対立が深まり、学校現場はその主戦場の一つとなったからである。

例えば、性教育、道徳教育や、歴史教育など、多くの重要な領域で、イデオロギーの対立が授業内に持ち込まれることになった。これらの教育内容を扱う授業では、どんな授業をしたとしても、その反対派から批判され、あるいは授業をしなければ、していないことを批判される可能性がある。すべての教育活動は、一定の価値観を内包する営みなのであり、どんな教材も特定の価値を帯びているからである。

また保護者の価値観も多様化し、それに従って様々な対応が求められるようになり、教員が朝から何時間も、保護者からの電話に対応せざるをえなくなるような事態も生じた。二〇〇七年頃からは親などが学校に過剰な要求をする現象が注目され、「モンスター・ペアレント」という語が広まるようになった。

本来であれば、こうした価値観の多様化や社会対立の深化につれて、子どもたちが安心して学べる学習環境と、教員が安心して授業に臨めるような労働環境を、しっかり保障する対策を立てる必要があった。しかし、学校や教員個人は、ますます批判の矢面に立たされるようになっていった。

子どもと社会の変化

子どもと社会の変化は、学校に求められる役割そのものも変容させ、学校の福祉的機能の拡充が求められるようになっていった。一九九〇年代のバブル崩壊以降、経済格差が拡大し、子どもの貧困や児童虐待が、以前にも増して深刻な問題となったが、自己責任論のもとで、公的な支援はなかなか拡充しなかった。子どもの貧困にしても、二〇一三年にようやく「子どもの貧困対策の推進に関する法律」が制定されたが、そこでも対策の拠点は学校とされた。

そのため、子どもと接する教員が、例えば、毎朝お腹をすかせて学習どころではない子どもに食事を食べさせたり、虐待を疑われる子どもに聞き取りをしたり、ソーシャルワーカーや心理カウンセラーと連携する仕事が増えていったのである。

しかし、児童相談所に通報するという判断一つとっても、それほど容易なことではない。安易に通報すれば保護者から抗議される可能性があるし、通報しない場合でも、子どもの命に万一のことがあってはならず、情報収集や慎重な対応が求められる。時間も人手もないなかで、教員たちは日々、難しい判断を求められ、重い責任を負わされている。せめて、スクールカウンセラーやスクールソーシャルワーカーが学校に毎日いてくれればよいが、財源が確保されず、各学校に非常勤が週一日、一人配置される程度に留まる自治体がほとんどである。

貧困以外にも、障害とともに生きる子ども、外国にルーツをもつ子どもなどへの対応、子どもの放課後の居場所づくり、激甚災害の増加に伴う防災対策・安全管理など、様々な役割が学校に求められるようになった。

長時間労働の深刻化

以上のように、教員数は減らされているのに、仕事は大幅に増やされた結果、教員の長時間労働が深刻化していった。

前述したとおり、二〇〇六年度の文科省による教員勤務実態調査ですでに、公立小中学校教員の勤務時間は、夏休み以外は一日一〇時間四五分に及び、休息・休憩時間が八分しかないという、過酷な実態が明らかになっていた。しかし、教育改革によって仕事は増やされ続けたため、二〇一六年度の教員勤務実態調査では、勤務時間がさらに増加し、小学校教員の二三パーセント、中学校教員の五七パーセントが「過労死ライン」を超える働き方になっていた。二〇一三年のOECD国際教員指導環境調査でも、日本の教員の労働時間が世界最長であることが指摘された。

厚生労働省(以下、厚労省)の二〇一八年調査をみると、教員が「過重勤務防止に向けて必要だと感じる取組」として挙げていたのは、「教員(専科教員を含む)の増員」が七八・五パーセントと最も多かった。これは、二位の「学校行事の見直し」五四・四パーセントを大幅に上回っていた。しかし、回答校において現校長が実施し始めた対策は「校内会議時間の短縮」(三九・一パーセント)、「管理職から教員への積極的な声掛け」(三四・〇パーセント)であり、「教員(専科教員を含む)の増員」は六・八パーセントしかなかった(平成二九年度厚生労働省・文部科学省委託「過労死等に関する実態把握のための労働・社会面の調査研究事業報告書(教職員に関する調査)」二〇一八年三月、八七頁、二〇四頁)。

この背後には、団塊世代の大量退職に伴い、多くの地域で教員の世代交代が進行した事情もあった。経験の浅い若手教員が増え、しかも中堅層も就職氷河期といわれた時代の影響で数が少ないという年齢構成になった。また、前章まででみたような教員数の削減や非正規化も同時進行していた。

教員の健康状態とメンタルヘルスの悪化

すでに一九九〇年代半ばから、教員の過酷な労働実態とメンタルヘルスの悪化は、「燃え尽き症候群」として大きな問題になっていた。公立学校教員の休職者に占める精神疾患の割合は、一九九二年度以降改善していない。二〇〇七年度以降は五〇〇〇人前後で推移し、コロナ禍を経て二〇二二年度には過去最多の六五三九人を記録した。また、精神疾患で一カ月以上の病気休暇をとった教員との合計も、過去最多の一万二一九二人に上った。休職に至る前の者や、休職後に退職する者を含めればその数はもっと多いだろう。

二〇〇〇年代の後半から、学校現場では「心を病んでいる先生が各校に一人はいる」という言葉を聞くようになったが、いまでは一人どころか二人も三人もいる場合が珍しくない。残念なことに教職は、厚労省が「過労死等が多く発生する職種」(自動車運転従事者、教職員、IT産業、外食産業、医療)の一つとして名指しされ続けている。

教員個人の健康悪化はもとより、教員の心に余裕がなくなり、子どもへの関わりの質が低下してしまう危険が生じているのである。

時間外勤務は「自主的な活動」

なぜこれほどの長時間労働が放置されてきたのか。その原因の一つが、前述した、一九七一年制定の給特法である。当時すでに、超過勤務手当の支給を求める訴訟が全国各地で起き、超過勤務手当を支給すべきとする判決が複数示されていた。人事院からも同様の指摘が出たため、国は給特法を成立させて給料月額の四パーセントの「教職調整額」を、一律に手当することにしたのである。そのかわり、修学旅行など四項目の特例をのぞき「時間外勤務は命じない」こととされた。

つまり、逆の見方をすれば、「超勤四項目」以外は、どんなに残業を余儀なくされたとしても、すべて教員の「自主的な活動」とみなされることになってしまったのである。二〇一八年に埼玉県の小学校教員が、毎月六〇時間を超える時間外労働が「タダ働き」にされている現状の違法性を主張して訴訟を起こしたが、一審、二審とも教員の時間外労働を一部労働時間として認めたものの、損害が軽微であることなどを理由に教員の請求を認めず、二〇二三年に最高裁棄却によって敗訴が確定した(詳細は髙橋 二〇二二参照)。

一九七一年に教職調整額が四パーセントに設定された根拠は、六六年度に行われた教員勤務状況調査で、当時の教員の超過勤務時間が一週平均一時間四八分とされたことだった。この論理が踏襲されるなら、平均的な超過勤務時間の増加に伴って、少しずつ教職調整額が増額される必要があったが、四〇年間以上、四パーセントのままだった。文科省の試算によれば、二〇一七年度の調査結果で換算した場合、教職調整額は現在の四パーセントから小学校では三〇パーセント、中学校では四〇パーセント程度に引き上げる必要があり、国庫負担だけで三〇〇〇億円、全体ではその三倍の額が必要な現状だという。もし教職調整額を廃止して、一般の労働者のように時間外勤務手当を支給する場合は、総額三兆円程度になるという試算も出された。

財源確保の見通しが立たず、二〇一七年、中教審に設置された「学校における働き方改革特別部会」は、給特法の廃止も教職調整額の増額も実現できなかった。つまり、給特法が廃止されて、一般労働者と同じように労働基準法にもとづいて残業代が支払われるようになったとしても、財源がないため、現状の時間外労働に対する残業代が支払われる見込みはない。一方、教員だけの特別な法律として給特法を維持したとしても、教職調整額が現状の仕事量に値するほど増額される可能性もない。

八方ふさがりの状況の中で、最終的に同部会は二〇一九年、「一年単位の変形労働時間制」の導入を答申し、現在自治体ごとに導入が進められている。これは、閑散期の労働時間を、繁忙期に移して勤務時間を調整する制度である。しかし現実の学校現場では、夏休み期間中ですら超過勤務が発生しており、閑散期など存在しない。この変形労働時間制は、むしろ繁忙期の長時間労働を是認してしまい、状況を悪化させるのではないかと懸念されている。

二〇二四年五月には、中教審の特別部会が、教職調整額を一〇パーセント以上に引き上げるという方向性を改めて示し、翌月には内閣の「骨太の方針」にも盛り込まれたが、二〇二四年六月現在では、その先行きは不透明である。

志願者の減少と「教員離れ」

長時間労働が改善されず、それに見合う対価も支払われない状況が続いていることは、誰よりも教職を志望する学生たちがよく知っている。それは、教職の不人気となって現れている。

教員採用選考試験の実施状況をみると、全国では小学校の採用倍率は二〇〇〇年度から低下し続け、二〇二一年度には過去最低を更新して二・七倍となった。倍率が二倍を切った自治体も一三に上る。その前年度には、文科省は「令和元年度公立学校教員採用選考試験の実施状況について」という文書の中で、倍率低下の主要因を、「大量退職等に伴う採用者数の増加」と分析し、「学生からの教職の人気が下がっているためとは現時点では必ずしも言えない」としていた。しかし、倍率が過去最低を更新すると、令和二(二〇二〇)年度版の同文書(二〇二一年二月公表)からは、「人気が下がっているためとは現時点では必ずしも言えない」という文言がそっと削除されていた。

採用試験の倍率は指標の一つにすぎない。地域ごとの教員の需給関係や民間企業の採用状況など、複合的な因子が関係するためである。最も注目すべきなのは、小中高いずれにおいても、受験者数そのものが減少を続けている点である。特に、中・高の教科によっては、募集人数と応募人数が同数の自治体も出てきている。

また、教員免許取得が卒業要件に含まれない、教員養成系大学・学部ではない一般の大学では、教員免許を取得しようとする学生の割合が減少傾向にある。あるいは、教員採用試験の受験者向けに情報を分析・提供する旺文社は、何年も前から教職が敬遠される傾向を指摘していた。二〇一九年には「特にここ七年間ほどの傾向は、まさに「教員離れ」という言葉につきる」とも分析していた(旺文社教育情報センター「二〇一九年度公立学校教員採用選考試験実施状況 二〇一九年度公立学校教員採用選考試験は倍率四・二倍! 倍率ダウン止まらず、小学校は過去最低に!」二〇二〇年四月一日)。

小学生の「将来つきたい職業」でランク外に

教員に憧れる子どもたちも減っている。

小学生に「将来つきたい職業」を尋ねる学研教育総合研究所「小学生白書Ｗｅｂ版」の継続調査によれば、一九八九年に三位だった「小・中・高校の先生(学校の教師・先生)」は、二〇二〇年では一二位に転落している。しかも同年の男女別集計をみると、女子は六位だが、男子は志望者〇・七パーセントで二〇位内にすら入らず、圏外になった。近年の女性教員の増加は、女性が教職に参入した結果なのではなく、男性の撤退により生じている可能性が、ここからも指摘できる。いずれにしても、先生に憧れる子どもの割合が減っているなかで、近い未来に教員を目指す人が増えるとは考えにくい。

この状況への対策として、文科省は二〇二一年一月、「「令和の日本型学校教育」を担う教師の人材確保・質向上に関する検討本部」を設置した。記者会見において、萩生田光一文科大臣(当時)は、「世の中に染み付いた学校が大変な職場というイメージを払拭し、教師が再び子供たちの憧れの職業となるよう、私自身、先頭に立って、制度の根本に立ち返って大胆に検討を進めてまいりたい」と述べた。この大臣の発言は教育界の期待を集めたが、「学校が大変な職場」であることや、教職がもはや憧れの職業ではないことを、文科大臣も認めざるをえない状況だということを示している。

そもそも教職の魅力とは

そもそも教員志望者にとって、教職の魅力とはいったいどこにあったのだろうか。

行財政改革が急激に進んでいた二〇〇五年に、私は共同研究者と実施した調査で、教員養成系大学の学生三四一人に教員志望動機を複数回答で尋ねた。すると志望動機としては、「子どもが好き」(七七・六パーセント)が最も多く、「素晴らしい先生との出会い」(五二・二パーセント)、「経済的に安定」(三九・七パーセント)、「専門的技術・知識がいかせる」(三二・八パーセント)が続い

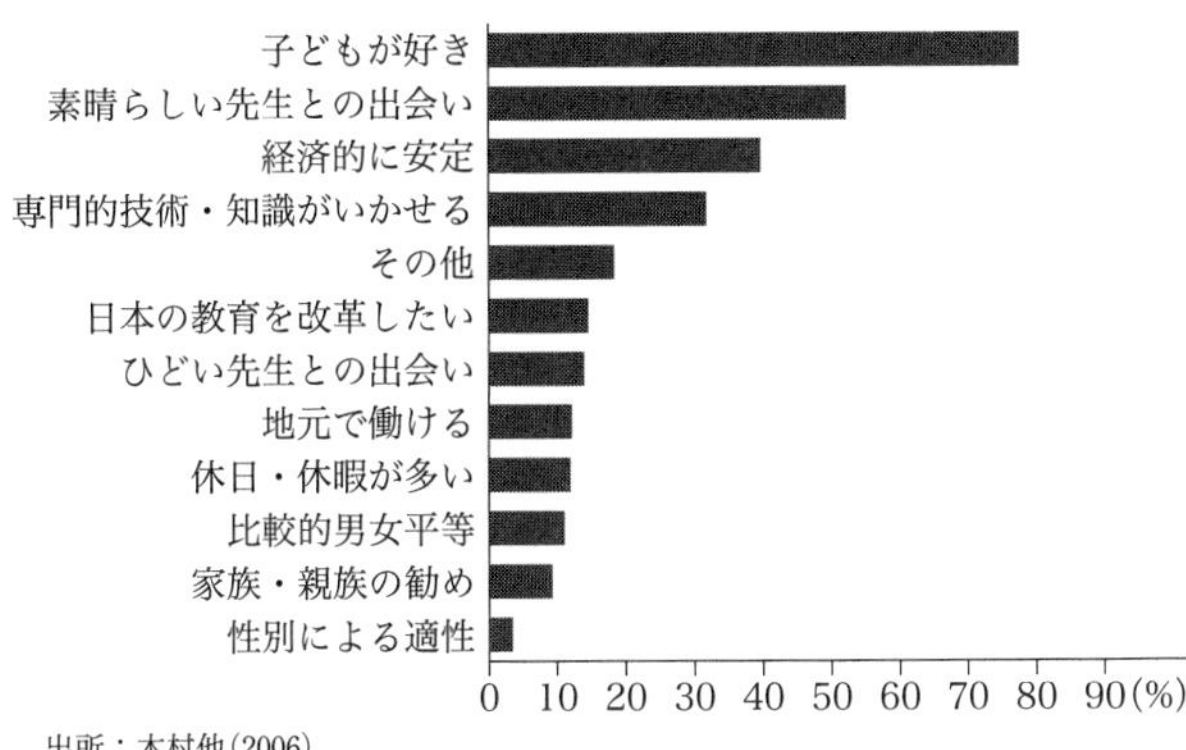

出所：木村他(2006)

図5-1　教職志望理由(複数回答)

た(図5-1)。

　また職業選択で重視することを複数回答で尋ねると、「専門的技術・能力をいかせる」(七八・二パーセント)が最も多く、「社会や人のためになる」(五五・九パーセント)、「家庭生活と両立しやすい」(五二・六パーセント)、「失業の恐れがない」(三二・四パーセント)、「高収入が得られる」(二六・一パーセント)であった(図5-2)。

　つまり、教員志望者にとっての教職の魅力は、おおよそ次の四点にあったことがわかる。第一は、「子どもが好き」「専門的技術・知識がいかせる」である。子どもと向き合い子どもが笑顔になるのを見届けたり、自分が大学で専門的に学んだ学問を教えたりして、「精神的報酬(psychic rewards)」と呼ばれる人間的な喜びを感じられることが、教職の最大の魅力だった。第二は、「経済的に安定」しており、

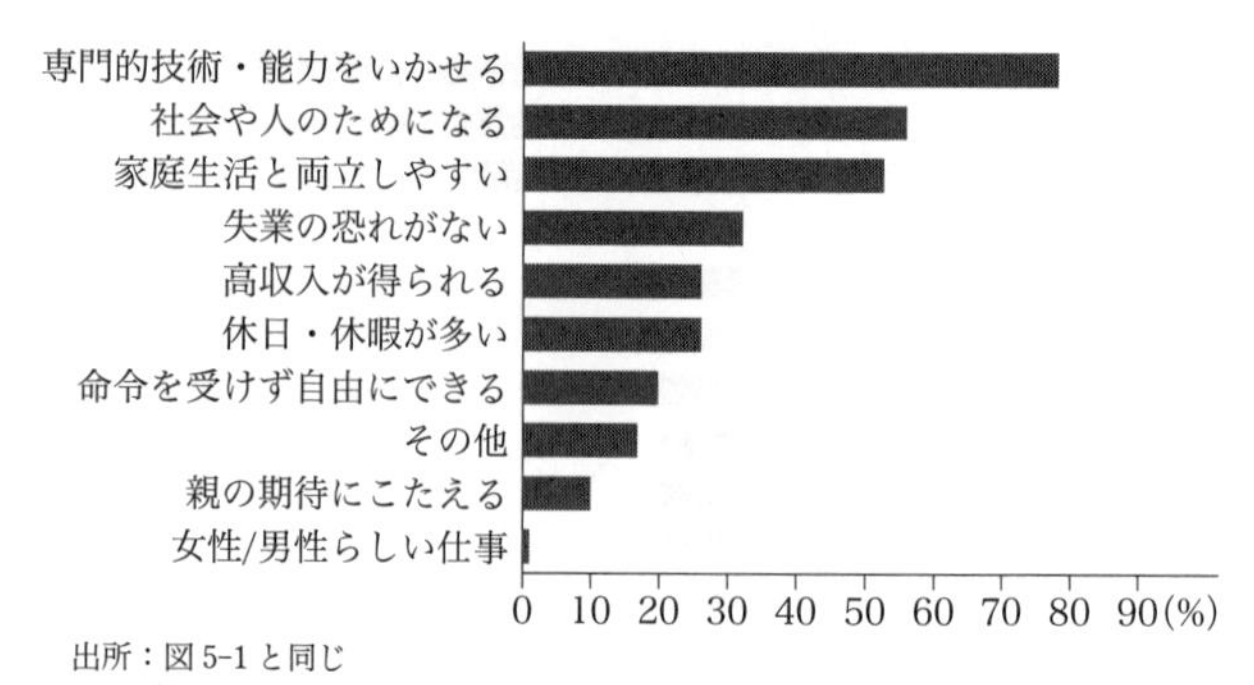

出所：図 5-1 と同じ

図 5-2　職業選択で重視すること(複数回答)

「失業の恐れがな」く、身分が保障されていることである。第三は、「家庭生活と両立しやすい」といった労働環境の魅力、第四は「素晴らしい先生との出会い」である。自分自身が教師に救われたり支えられたりして「私もあの先生のようになりたい」という思いを抱き、教員を志望するようになっていたのである。

ところが、二〇〇六年当時の教員志望者たちが感じていたこれらの教職の魅力は、二〇〇一年以降の教育改革によって、皮肉なことに、ことごとく切り下げられてしまった。子どもが好きで教員になったのに、子どもより書類に向き合わねばならぬ時間が増え、専門的技術や知識をいかすために教員になったのに、自分が思い描くような授業に挑戦する裁量も時間も余力も失われていった。経済的安定も、長時間労働によって割に合わないものとなり、家庭生活と両立しやすい労働環境ではなくなった。激務に追われる教員の姿は、子どもの憧れの対象にもなりにくい。このように、行財政改革ばかりでなく、教員に理想の教育を求めるばかりの教育改革が、むしろ教職の魅力を削いで教員不足を後押しする事態を生み出してきたのである。

教員不足に至ったプロセス

前章と本章で、教員不足が生み出されてきたプロセスを述べてきた。以上を簡略化して総括すると、次のように整理できる。

(1)まず行財政改革によって、公務員の削減と義務教育費の削減が行われた。教員はその両方に該当するため、地方自治体は教員の雇用控えと非正規化を促進し、正規雇用教員の数を大幅に減らしてきた。国は、子ども一人あたりの教員数を改善する中長期計画さえ中止してしまった。

(2)それにもかかわらず、教育改革によって、効率化できない仕事や、福祉・危機管理等に関わる仕事が大幅に増やされた。また教員管理も一層厳しくなり、子どもと向き合う時間が減らされた。

(3)そのうえ、様々な規制緩和によって、地方自治体の裁量が増える一方で、教員の身分や給与を保障するための様々な仕組みが失われ、職業としての安定性も弱化した。

(4)そこへ格差拡大やイデオロギーの対立、価値の多様化といった社会の変化が重なり、学校が直面する課題が高度に複雑化した。うまくいっても感謝されないのに、何か問題が起きると、激しく責任を追及されバッシングされるようになり、教職の難しさが大幅に増大した。
(5)その結果、教員の長時間労働が深刻化するとともに、心や身体を病んで休職や退職に追い込まれる教員が増えた。つまり、政策による雇用控えと非正規化に加えて、更なる非正規の需要が発生し、ついに教員不足が発生するに至った。
(6)しかも、教員の「質」向上を目指す改革によって、教員免許がとりにくくされたり研修が多くされたりしたことも教職の魅力削減につながり、教員を目指す志望者が減って教員不足がさらに深刻化する悪循環に陥った。
このように教員不足は、教育公務員が行財政改革と教育改革の二重のターゲットにされ、人手も予算もさらに減らされたところへ、ひたすら仕事を増やされ、さらには団塊世代の大量退職や少子化の加速などの社会的変化が重なって生じていたといえる。

しかし、教員不足の主原因が政策にあったのなら、教員不足は政策で改善していけることになる。子どもが安心して学べる環境を整備するために、次章で、解決の方向性を提起していきたい。

第6章　教員不足をどうするか
——子どもたちの未来のために

教員不足という事態に、私たちはどのように対処していけばよいのだろうか。

教員不足とは、①何を基準にした誰にとっての不足か、②いつの時点での不足か、③どの地域の不足か、④どの学校種や教科の不足か、⑤どの雇用形態の不足か、という視点によって異なってとらえられる、立体的で複合的な事象であることを、前章まで明らかにしてきた。つまり、教員不足という事象は、原因と結果が一対になっているような単純な事象ではないのである。

そのため、解決策も一つでは済まない。さらに、すでに負のスパイラルが始まっているため、教員不足を補うために採用を増やすことも難しい状況になっている。この事態を打開するためには、子どもや学校現場の立場から、実態をきちんと調査し把握したうえで、各アクターがそれぞれに有効な対策を打っていく必要がある。

行政はどう対応してきたか

まず、各地の教育委員会や文科省がどのような対応策を打ち出しているかを、確認しておこう。政府も各教育委員会も知恵を絞り、様々な施策を打ち出している。

最も注目されるのは、二〇二三年八月に中教審の「質の高い教師の確保特別部会」が提言した「教師を取り巻く環境整備について緊急的に取り組むべき施策(提言)」である。この緊急提言では、取り組むべきことが三つの方向性にとりまとめられている。

第一は、「学校・教師が担う業務の適正化の一層の推進」であり、特に各学校における授業時数や行事のあり方を見直すよう提言している。第二は、「学校における働き方改革の実効性の向上等」であり、教員の勤務時間の上限を守らせることなどを指摘している。第三は、「持続可能な勤務環境整備等の支援の充実」であり、教職員定数の改善、教員以外の支援スタッフの配置充実、教員の手当などの処遇改善を挙げている。かねてより、私も含めた教育関係者が指摘してきた取り組みが多く含まれており、重要な提言として評価したい。

ところが二〇二三年末までに実行に移されたのは、残念ながら新規予算をほとんど必要とせずに実施できる対策ばかりである。例えば、教員採用試験の一部早期化によって教員志望者を青田買いする、あるいは教員採用試験を秋にも実施して夏の不合格者が再受験できるようにする、教員志望の学生にインターンとして勤務してもらう、非常勤講師の人材バンクをつくる、などである。

新規予算がついた政策の中で最も多いのは、教職の魅力をアピールして志願者を増やそうとする対策である。文科省は、二〇二三年度の補正予算に、教員の成り手を確保するための事業として、およそ五億円を盛り込み、全国で教員の魅力を発信するイベントを展開すると発表した(二〇二三年一一月三日報道発表)。

また、各地の教育委員会も類似の広報活動に取り組んでいる。例えば島根県教育委員会は、二〇二二年には「しまねの先生、大募集」という広告を車体に掲載したラッピングバスを走らせ、「とうとうこんな広告を出さなければならないほど教員志望者が集まらなくなってしまった」「バス広告に効果があるのか」と教育関係者の間で大きな話題になった。

可能な限りあらゆる手立てを尽くすことに異論はない。ただし、残念ながら教職の魅力を発信するイベントや広告に多額の予算を費やしても、教員不足の解消に大きな効果はほとんど期待できないことは、各種調査からも明らかである。なぜなら「教職の魅力をアピールして、教員志望者を増やす」という処方箋は、二つの誤った仮説に立脚しているからだ。第一は「教職の魅力が知られていないことが、教員不足の原因だ」という仮説であり、第二は「教職の魅力がきちんと知られさえすれば、教員志望者が増える」という仮説である。しかし、いままでに実施された各種調査結果からは、この二つの仮説はいずれもすでに否定されている。

まず、高校生が教員養成系大学への入学を希望しなくなったり、教職が子どもの「将来つきたい職業」ランキングで下位に転落したりしているのは、彼らに情報が届いていないからではない。むしろ生徒たちは、最も間近で教員たちの姿をよく見ているからこそ、教職への道を選ばなくなっているのである。また、教員養成系大学を選んで入学してきた学生たちは、むしろ大学の教育実習などでしっかりと教職の現実を知ったからこそ、教職から離れているのである。したがって、限られた予算を有効活用しようというなら、教職の魅力をアピールする施策の優先順位を高くするのは、妥当とはいえないだろう。

実態調査から不足の原因を分析する

以下では、前述した、私たちの調査からみえてきた教員不足をとらえる五つの視点(①〜⑤)に沿って、原因と対策を簡潔に指摘しておきたい。

まず、すべての対策の基礎として、きちんとした実態調査と、不足を引き起こした原因の分析が必要不可欠だ。教職の魅力を発信するイベントに五億円の予算を投入する財政余地があるなら、その一〇〇分の一以下の予算で遂行可能な実態調査と原因解明の分析に取り組んでほしい。中教審部会の緊急提言を実行に移せる予算を獲得するためにも、しっかりとした根拠を示す必要がある。

実態調査については、まず誰にとっての教員不足かという視点①を踏まえ、子どもたちが教室で経験している不足の実態を把握できるように、調査対象や調査方法を再設計する必要がある。例えば、第1章で指摘したとおり、調査対象には、二〇二一年度文科省調査では調査対象とならなかった市区町村が配置する教員数も含める必要があるし、非正規雇用教員の不足数をどう換算するかも、専門家を踏まえて検討し直す必要がある。

また、私たちの調査からは、不足の状況は常に変動しており、時期によって差があることや、年度末に最も不足することが浮き彫りになった(視点②)。文科省調査では、年度当初の四月と五月時点での不足が調査されたが、年度当初は不足が最も少ない時期である。子どもたちが実際にどれほど困っているのか、教員不足の実態を把握したうえで必要な教員配置の目標値を確認するためには、年度末の実態を調査しなければならない。実際に現場でどれほどの教員が不足しているのかの数値がわからなければ、不足の根拠の示しようがない。

地域別の不足実態(視点③)の解明も急務だ。地方新聞の教員不足報道を追うと、最も早くから教員不足が表面化してきたのは九州地方だったことがわかる。ところが県別の教員不足状況や、長期的な雇用計画は極秘事項であり公表されていない。教育委員会の人事計画担当者たちでさえ、他の自治体のデータは入手できず、比較分析や評価を行えない状況がある。文科省のリードのもと、自治体や地域ごとの不足傾向が比較できるようになれば、教員不足の地域差を生じさせている要因を分析することも可能になるだろう。

例えば仮説として、団塊世代の大量退職といった教員の年齢構成の違いに加えて、いわゆる「定数崩し」の度合い(正規雇用教員の非正規化率)や、学校統廃合の進行状況など、様々な要因が影響していることが考えられる。特に、鳥取県や福井県のように、教育に予算をつけて義務標準法で定める標準より多い教員総数を確保してきた自治体と、教育予算を削り教員総数も削減してきた自治体との間で、教員不足の実態がどのように異なるかを比較できれば、不足を引き起こすメカニズムがより詳細に検討できる。こうしたデータによってはじめて、日本の教員不足がどのように引き起こされてきたかを、実証的に解明することが可能になるのである。

さらに、教科別にも不足の実態が異なっていた(視点④)。文科省調査では、教科別の不足数はほとんど明らかにならなかった。調査はされたものの、中高における教科担任の不足数という形で尋ねたため、不足があると回答した学校が、全国合計でわずか中学校一六校、高校で五校しかなかった。この数字が不足の実態を反映しているとは考えにくい。

すでに述べたように、私たちが調査したX県では、技術科や家庭科など実技系の教科の不足が大きく、さらに国語科や外国語科でも不足が大きかった。国語科の免許は教員養成系以外の一般大学でも取得できるのに、なぜ不足しているのか。これはX県だけの現象なのか、他県と共通するのか。様々な分析が急務である。

技術科や家庭科など、複数の学問領域にまたがる特性をもつ教科の教員免許を取得できる一般大学は限られている。しかも、いま非正規として現場を支えている退職教員たちの高齢化も進んでいる。これらの教科の教員は、教員養成系大学・学部できちんと養成しなければ、不足は改善されないだろう。不足数を把握し今後の需要数を予測したうえで、教員養成課程の定員を見直す必要がある。

非正規需要の急増を防ぐ——国がすべき対策①

佐久間研究室の調査にもとづけば、全国調査の実施に加えて国に求めたい政策は、大きく二つに分類できる。一つは、非正規需要の急激な増加（正規雇用教員の過度の減少）への対策であり、もう一つは、教員の過酷な労働環境を改善し、不本意退職者を減らしつつ教員志願者を増やすための長期的な対策である。

まず、不足の原因となっていた、非正規需要の急激な増加に対応する方法として、大きく二点が上げられる。

第一に、国が教職員定数改善計画を再開し、長期的かつ安定的に地方自治体を財政支援する見通しを示す必要がある。

雇用形態別（視点⑤）の分析から、少なくともX県の調査においては、教員不足の最大の要因は、非正規雇用教員の供給数の減少ではなく、正規雇用教員の採用控えによって、非正規雇用教員の需要が増加したことにあった。そしてX県が正規雇用教員の採用控えを始めた背景には、国の教職員定数改善計画が二〇〇五年度を最後に中止されたことがある。少子化が進行するなかで国からの支援の見通しがまったくなくなったため、正規雇用教員の採用を控え、非正規雇用教員を担任として配置する方策で、将来の教員余剰に備えようとしたのである。

ところが、この採用控えを主な要因として非正規需要が予想以上に拡大したため、非正規雇用教員が足りなくなってしまった。他の自治体での検証も必要だが、大きな構造は同じである可能性が高い。

日本は一九五九年の第一次計画からずっと、少しずつだが継続的に、教員数を改善する努力を続けてきた。経済状況が厳しい時も、ベビーブームで教員需要が急増した時期も、少しずつ改善計画を続け、少子化になっても教員を減らさない措置をとることで、子ども一人あたりの教員数を増やすようにしてきた。それを、少子化だから採用控えをせよというのは、短絡的にすぎる。

また、二〇二一年三月には小学校三五人学級を実現する法案が成立したが、長期計画がないところへ突発的に教員需要が増やされると、地方自治体は急に採用数を増やせないので、かえって教員不足を深刻化させてしまう。国が中長期的な基礎定数の改善計画を公表し、地方自治体が教員不足対策のための教員採用計画を立案できるようにすることが望まれる。

なお財務省は、加配定数を認めてきたので教員総数は改善していると説明している。しかし、加配定数を増やすことは、事実上は非正規雇用教員の需要を増やすことなので、四月に非正規の先生を探し回らなければならない状況を促進するだけである。加配定数だけを増やす教員政策は毎年、担任という重い職務を担う非正規雇用教員を、場当たり的に探し回らなければならない結果を招いたため、再考する必要がある。学校と教員に子どもの命を守れと重い責務を要求するのなら、せめて学級担任くらいは、四月にきちんと配置されるよう保障すべきだろう。

第二に、二〇〇六年の義務教育費国庫負担法の改革により、国の負担が二分の一から三分の一に減らされていたが、これを元の二分の一に戻す対策が求められる。非正規雇用教員の需要が大きくなりすぎた背景には、地方自治体の財政状況が逼迫(ひっぱく)するなかで、教員給与の国の負担率が引き下げられたことにあった。そのため、教員の非正規率は都道府県ごとに大きく異なり、教員不足の地域格差が拡大している。生まれた地域によって受けられる教育に大きな格差が生じる状況は、社会の分断を拡大するため、望ましくない。子どもを大切にする国づくりを目指すなら、義務教育費国庫負担の割合を元の二分の一に戻す対応が望まれる。

なお、X県をはじめ複数の県では、「過員は最大の事故」として、学校現場に一瞬たりとも配当定数よりも多い教員を在籍させないというような運用が行われていた。すなわち、児童生徒の転出入等によって年度途中で学級が減少した場合に、その担任を学校に配置したままにすることが許されていないのである。こうした慣習的な運用では、例えば特別支援学級に非正規雇用教員が多く配置されてしまうような状況が続くため、改善していく必要がある。佐久間研究室の調査では、自治体によっては、もっと柔軟な運用が行われているところもあることがわかってきた。自治体ごとに、こうした慣習を再検討すれば、教員配置の状況が改善される可能性があるだろう。自治体ごとの過員対策の違いは、今後さらに調査される必要がある。

教員の労働環境を改善する——国がすべき対策②

国が行うべき教員不足対策のもう一つの方向性は、教員の過酷な労働環境を改善することである。正規雇用教員が減らされすぎ、非正規雇用教員が増えすぎた結果、労働環境が悪化して、退職者が増え、志願者も減って、負のスパイラルが生じてしまった。

このために求められる対策として、二点を挙げておこう。

第一は、教員一人あたりの仕事量の適正化である。具体的には、まず教員が担当する授業時間数を減らすことが必須の対策となる。国がリーダーシップをとり、教員一人あたりの持ちコマ数に上限を設けるとともに、必要となる教員定数の改善を行うことが不可欠となる。

仕事量の適正化を目指す時には、仕事の精選や業務の効率化は、もちろん重要である。しかし教職の場合、仕事の中核となる授業時数そのものが大きく増やされていたことに注意が必要である。新設された教科の授業内容を創造したり、授業方法を教師主導型から問題解決型へ変革したり、新しい評価方式を研究開発したり、各学校の実態に即したＩＴ機器の活用法を試行錯誤したりする職務は、効率化や外注化できる職務ではない。

もはや、担当授業時数を減らさずに長時間労働を改善することは、不可能な状況になっている。担当授業時数を減らすことで、勤務時間内に授業の準備などをする時間を確保する必要がある。そのためにはやはり、教員数を増やすことが不可欠である。

第二に、義務標準法で「乗ずる数」と定められている係数を改善することが、教員の仕事量を適正化し、労働環境を改善する対策として効果がある。

「乗ずる数」とは、学級担任をもたない教員の定数を算出するための係数であり(第2章参照)、この係数を改善すれば、学校全体の運営に関わる教員や、専科の教員を増やすことができる。この方法が有効な手段であることは、山﨑洋介の研究などによって、近年特に注目を集めている(山﨑 二〇二三b)。すでに、二〇二三年七月には全国知事会が「学校教育を担う人材の確保に関する取組の充実について」の中で、この「乗ずる数」の見直しを提言した。さらに同年一一月には全国知事会・全国市長会・全国町村会の地方三団体がそれに続き、一二月には中教審でも話題にされている。

本来であれば、前章まででみたように授業時数が増やされたり、学校全体で担う業務量が増やされたりした時に、この「乗ずる数」も改善される必要があった。ところが、「乗ずる数」は一九九三年の小幅な改善を最後に、三〇年以上ほとんど改善されてこなかった。現状で学級担任をもたない教諭は、都道府県・政令市により差異があるが、全六学級の小学校の場合で一人、全一二学級で一～二人、全一八学級で二～三人ほどしか配置されていない。

「乗ずる数」の改善によって、専科教員など担任をもたない教員の数が少しでも増えれば、教員一人あたりの担当授業時数を減らすことができる。そうすれば、仕事量の適正化や長時間労働の改善に向けて、確実な効果が期待できる。また、学校全体の管理業務を担う教員の数が改善されれば、教員一人あたりの授業以外の業務量の縮減なども期待できる。

さらには、担任外の教員数が改善されれば、例えば小学校の新規採用教員を「副担任」にして、少しずつ仕事に慣れてもらう制度を整えることなども可能になる。すでに二〇二二年度には山形県教育委員会が、大卒新採用教員一〇六名のうち二四名を「教科担任兼副担任」として配置する制度を実施している。若い教員を守りながら育てる試みとして評価されており、初任者の退職率を抑える効果も期待されている。「乗ずる数」が改善されれば、この山形方式を全国に拡大することも可能になるだろう。

また、教員の心身の健康状態を守り、怪我や病気による休職や離職を減らす効果も期待できる。代替教員がほとんど見つからない現状では、教員は体調が悪くても休めず、健康状態を悪化させてしまう。「乗ずる数」の改善によって人手が増えれば、校内での代替教員のやりくりによって、いまよりも少しは休暇を取りやすくなるだろう。

子どもを適切にケアするためには、教員自身の心身が適切にケアされている必要がある。そして、子どもへの指導にはタイミングが非常に重要であり、けんかやいじめなどが起きて指導が必要な時に、きちんと子どもに向き合えるようにするための時間も確保されている必要がある。「乗ずる数」の改善は、教職員定数の改善と同時に、最も必要かつ確実な効果が期待できる施策といえる。

余剰にみえても必要な人員

精神科医の中井久夫は、阪神・淡路大震災で被災した経験を語るなかで、医療現場においては、外部からはあたかも余剰にみえる人員が、実は余剰でなく必要不可欠な人員であることについて、説得力のある指摘をしている(中井 二〇一一)。医療現場に立つ医師や看護師には常に「予備軍」が必要であり、必要最低限の人員しか配置されていないと、あたかも漂流ボートの上で、食糧をいつまで「食いのばし」たらいいかわからないような状態になってしまい、持続可能な働き方ができない、というのである。

中井の「食糧難とは「三日食べずにいること」ではなく、「手持ちのわずかな食糧をいつまで食いのばせばいいかわからないこと」である」という言葉は、胸に迫る。「食糧難」を「人員難」に置き換えれば、いま必死で学校現場の人員難を支えて踏ん張っている教員の心情とも、重なり合うものといえる。

少子化はむしろチャンス

改めて強調しておきたいのは、少子化が長期的に続くいまの状況は、教員一人あたりの仕事量を適正化するにはむしろ好機だということである。子どもが増える時代には、教員需要の増加に対応するだけで予算増が必要になるため、子ども一人あたりの教員数を増やすのは難しい。教員需要の総数が減る少子化の時期こそ、子ども一人あたりの教員数を改善し、子どもの学習環境と教員の労働環境を整備していくチャンスなのである。

これは、世界で共通する教員政策の基本である。少子化だから教員採用を控えるという二〇〇〇年代以降の政策のほうが、世界的にみても、日本の教員政策の歴史からみても、むしろ例外的であることを、私たち一人一人がきちんと再認識する必要がある。少子化だから採用控えする、という政策の見直しこそが求められている。

地方自治体の対応策

地域や学校の実情に即した改革には、都道府県教育委員会ならびに市区町村教育委員会のリーダーシップが求められる。国からの支援を前提としたうえで、地方自治体に求められる対応策として、大きく二点を挙げておこう。第一に教員の病休や育休への対応策であり、第二には標準授業時数の運用改善である。

病休・育休復帰支援——地方自治体がすべき対策①

まず第一に、X県の調査結果から指摘できるのは、病気休職の増加と育休期間の長期化が、教員不足を深刻化させる重要な要因となっていた点である。したがって、採用した教員の病気休職をいかに防ぐかが重要な鍵となる。これには、各自治体の状況に応じたきめ細やかな対策が求められる。

第3章で紹介したように、佐久間研究室の調査からは、少なくともX県において心を病む教員が若手ばかりに多いわけではなく、教員全体への健康対策が求められていることがわかった。また、療養休職に入った時期の分析からは、二学期に病気休暇に入る教員が多かったため、一学期中に教員のメンタルケアを厚くすることが、有効な対策になりうることが示唆された。さらには、三学期まで無理を続けると、復帰が難しくなるほど病状が重くなってしまう可能性があることがわかった。

つまりデータからは、当然のことながら、心身の状態が悪化する前に、適切にケアされ療養できる環境を整えることが重要だとわかる。そのためにも、第一次未配置を少なくし、病休代替や産育休代替となりうる臨任の先生を確保しておく必要がある。

また、育休から安心して復帰できる環境を整備することも、有効な対策となる。

多くの自治体では育児時短勤務制度が創設されているのに、実際には教員が利用できず、育休が長期化せざるをえない悪循環を生んでいる。時短勤務での学校現場復帰を阻む壁は、大きく三つある。

一つ目に、保育園の壁がある。多くの市区町村では、一定の就労時間を超えないと認可保育園を利用できない仕組みになっている。また、必要度を測る点数で優先順位が決められるため、時短勤務者だと点数を下げられて保育園に入れない可能性が高くなってしまう。せっかく現場に復帰したいと希望する教員が、保育園に自分の子どもを預けられないために、泣く泣く休職を余儀なくされる現状がある。時短勤務でも保育園を利用しやすい環境を整備することが求められる。そうすれば、学校教員だけでなく、希望者みんなが職場復帰できるようになり、社会全体での人手不足の改善にもつながるのではないか。

二つ目に、ロールモデルの壁がある。出産世代の教員たちは、この二〇年以上、学校の人手が必要以上に削減され続けた結果、時短勤務をしながら現場復帰している先輩教員の姿を見たことがない、という。時短勤務という形態があることを知らない教員や、どんな働き方になるのかわからないから怖くて希望できないという教員も多い。時短勤務制度の存在を広く知ってもらったうえで、時短勤務を可能にするための、各自治体の取り組みが求められる。

三つ目に、校長の壁がある。時短勤務を希望しても、校長が個人的にそれを許可しないため、完全な復帰か、完全な育休か、退職かを選ばざるをえなくなるという。

校長が時短勤務を許可しにくい背景には、時短勤務だと育休取得よりも学校の負担が大きくなってしまうという矛盾がある。教員が産育休をとる場合は、法律に従って常勤の代替教員が配置される。ところが、教員が時短勤務制度を選択した場合、その教員の不在時間分だけ勤務する非常勤講師を見つけるのが難しく、他の教員が授業しなければならなくなる。つまり、校長は他の教員の負担を増やしたくないため、時短勤務を許可しにくくなっている。その一方で、育休を取得した教員は、いきなり完全復帰すると、現状では仕事量が多すぎて子育てとの両立が難しいため、退職するか、育休を延長するか、という選択を強いられているのである。

校長の壁をなくすには、教員が時短勤務を希望しても、学校側の負担が増えずにすむように、全体の構造を変えていく必要がある。即戦力になるはずの教員がせっかく復帰したいと希望しているのに、人手不足のせいで休業長期化や退職を強いられ、人手不足がさらに深刻化しているのは、全体でみれば悪循環でしかない。

少なくとも佐久間研究室のX県のデータからは、非正規雇用教員の供給数は、産育休や病休による需要数を大幅に上回っていた。第一次未配置が小さくなれば（四月に学級担任がきちんと正規雇用教員で配置されるようになれば)、時短勤務者の補塡にも非正規雇用教員を十分に配置できる計算になる。この点でも、国の教職員定数改善計画の再開が望まれる。

標準授業時数の運用改善――地方自治体がすべき対策②

地方自治体が行うべき有効な対策の第二として、授業時数の適正化が挙げられる。

学校教員の本業である授業を何時間に設定するかは、学習指導要領を標準としつつ、各学校が学年や教科ごとに決定することになっている。現行の学習指導要領では、児童生徒一人あたりの年間標準時間数は、小学校四年から中学校三年生までは毎年一〇一五単位時間(一単位時間は小学校四五分、中学校五〇分)と定められている。

しかし多くの学校現場では、あらかじめ標準よりも多めに授業時数が設定されている。保護者の立場からは知る由もないが、実は、学校ごとに子どもが学ぶ授業時数は異なっているのである。教員でさえ、自校と他校との授業時数の差を知らない場合も多い。授業時数の決定権は校長にあるが、実際に作業する教務主任のさじ加減が大きく影響している面がある。

授業時数が多めに設定される背景には、感染症が流行して学級閉鎖などで授業ができなくなり、標準時数を下回った場合に、学校教育法施行規則違反を問われるのではないか、と恐れる市区町村教育委員会や学校現場の萎縮がある。学校を所管する市区町村教育委員会は、都道府県教育委員会や文科省から指導・助言を受ける関係にあるからである。問題が起こらないよう、自治体が一律に余裕をもった授業時数を設定し、その遵守を各学校長に求める場合もある。さらに、各学校の授業時数を決める教務主任が、責任をとらされることを恐れて、多めに時数を設定してしまう防衛策が重なっている場合も多い。

また、学習指導要領の改訂で学習内容が増やされたり、探究型の授業変革が奨励されたりした影響も、授業時数が増やされた背景にある。授業時数が少ないと、その分、授業の進度を速くしなければならない。それを避けるために学校現場は、授業時数を増やすことで、子どもの学習を丁寧に指導したり、独自の教育方法を開発したりしようとしてきたのである。

授業時数が多すぎるのも少なすぎるのも、子どもと教員の負担となる。市区町村教育委員会には、地方自治の理念をこういう点にこそ活かし、各学校長と連携して、授業時数の適正化に向けたリーダーシップを発揮することを期待したい。

なおこの点については、前述の中教審部会の緊急提言(一五七頁)にも盛り込まれた。そのため文科省は、総時間数が一〇八六単位時間を上回っている学校に対して二〇二四年度からの見直しを求めるとともに、学校を所管する教育委員会に対しても学校に指導助言をするよう求めている。この通知が、学校教員の仕事量を適正なものにする一助となることを期待したい。

第7章　教員不足大国アメリカ
——日本の未来像を考える

もしも日本でこのまま教員不足が長期化すると、いったいどのような影響が社会に及んでいくのだろうか。本章では、日本の未来を予見するために、教員不足大国ともいうべきアメリカの公立学校の現状をみてみよう。

アメリカの公立学校は、一九世紀初頭の公立学校設立運動の時期からずっと、教員不足に苦しんできた。しかし、アメリカの歴史において、教員不足対策として大規模な財政出動が実施されることはほとんどなかったといってよい。一九世紀初頭から篤志家の寄付が重要な財源になってきたし、一九八〇年代以降は教育界に市場原理と民間活力を導入する政策によって不足を解決しようとする政策が継続されてきた。ところが、その結果アメリカでは、教員不足が長期化・深刻化し、公立学校が社会のセーフティ・ネットとして十分に機能しない地域が、全米で拡大している。

日本の教員不足が深刻だという話題になると、「どの業界も人手不足だから、仕方がない」という意見もよく聞く。しかし、アメリカ社会をみれば、教員不足は単なる人手不足の問題で済まず、生まれた境遇によって教育を受ける機会を奪われた子どもが多くなる社会、あるいは分断や格差が固定化した社会を招来しかねない大きな問題であることがみえてくる。

教員不足大国アメリカの現実

二〇二二年八月三日、ワシントン・ポスト紙に「壊滅的な教員不足」という見出しが掲載された。アメリカでは、八月末から学校の新年度が始まろうとしているのに、教員がまったく足りていないというのだ。その後は私のSNSにも、「学校が始まって一カ月経つけど、うちの子のクラスは担任がまだ決まらない」「子どもが家にいて出勤できない」「ベビーシッターの費用がかさんで困っている、どうしよう」といった投稿がたくさん流れてきた。

実はアメリカでも、全米の教員不足に関する正確な実態は調査されていない。アメリカの連邦政府は、基本的に教育に関する権限をもっておらず、教育の状況は各州の自治体ごとに異なるため、全米における正確な教員不足数を把握するのが困難だという。アメリカでいう「教員不足」とは、連邦教育局の定義(二〇一七年)によれば、①採用したいポストに人がいない状態、②通常より低い基準で雇われた教員が着任している状態、③教員免許は保持しているものの、当該教科の免許をもたない教員が授業している状態、の三つの状態をすべて含むとされている。

連邦政府どころか、州政府も実態を把握できていないところがある。教員の人件費を決めるのは、州の中でも学校区という自治体なので、きちんと調査して教員不足数を把握している学という。

校区もあれば、まったく調査していない学校区もあり、州としての集計は簡単ではないからだ

それでも調査を行い、きちんと結果を公表した州や地域もある。例えばネバダ州教育委員会は、二〇二二年八月で州内に一七ある学校区全体で約三〇〇〇人が足りないと公表した。イリノイ州地域教育長協会は、同年度で州内の学校区のうち八八パーセントの地域が教員不足に陥っていて、二〇四〇人分のポストが欠員、または基準を満たさない教員が採用されている状態にあると公表している。

調査が困難であるために、研究としても教員不足の実態把握は進んでいない。カンザス大学のグエン博士らが実施した調査(Nguyen et al. 2022)によれば、二〇二一〜二二年度については、全米で最小でも約三万六〇〇〇人から五万三〇〇〇人の不足が確認され(定義①)、さらに一六万三〇〇〇人分のポストが通常の採用基準に満たない教員によってカバーされているという(定義②)。定義③の教科相当の免許をもたない教員がどれほどいるかは把握困難とされ、不足の数字はもっと膨らむことが推測される。

ここで確認しておきたいのは、アメリカでは、教員不足のために、教員免許を保持しない人も大量に教員に採用せざるをえない状況が何十年も続いてきているという点である。つまり、教員免許をもたなくても教壇に立てるように規制が緩和されてきたが、それでも教員不足は解

消されておらず、むしろ深刻化しているという現実がある。教員免許制度を緩和ないし撤廃すれば教員不足が解消されるという仮説は、アメリカの事例をみれば否定されることがわかる。

不足率の格差

注目されるのは、不足の状況が地域によって大きく異なる点である。まず州によって教員不足の状況が大きく異なっており、特に南部の不足が深刻である。グエン博士らの調査によれば、生徒一万人に対しての教員不足率を比較すると、ニューヨーク州やペンシルベニア州などの東海岸部では、〇・九パーセントしか不足していないのに対し、アラバマ州やケンタッキー州など東南部の州は二四・五パーセントもの不足率に達している(図7-1)。

また、同じ州の同じ学校区の中でさえ、富裕層が集まる地域とそうでない地域の、不足状態の差が激しい。宿題などもきちんと親がみてくれるような安定した家庭から通っている子どもが多く、授業がしやすい地域では、地域の経済水準も高く、教員給与も高いため、教員不足率も相対的に低い。逆に、経済的・文化的な困難を抱える家庭が多い地域では、子どもの問題行動が多発するなどして仕事が難しくなるのに、教員給与が低いため、教員不足率が高くなってしまう傾向にある。

興味深いのは、グエン博士らの論文のタイトルが「全国的な教員不足は存在するのか?」と

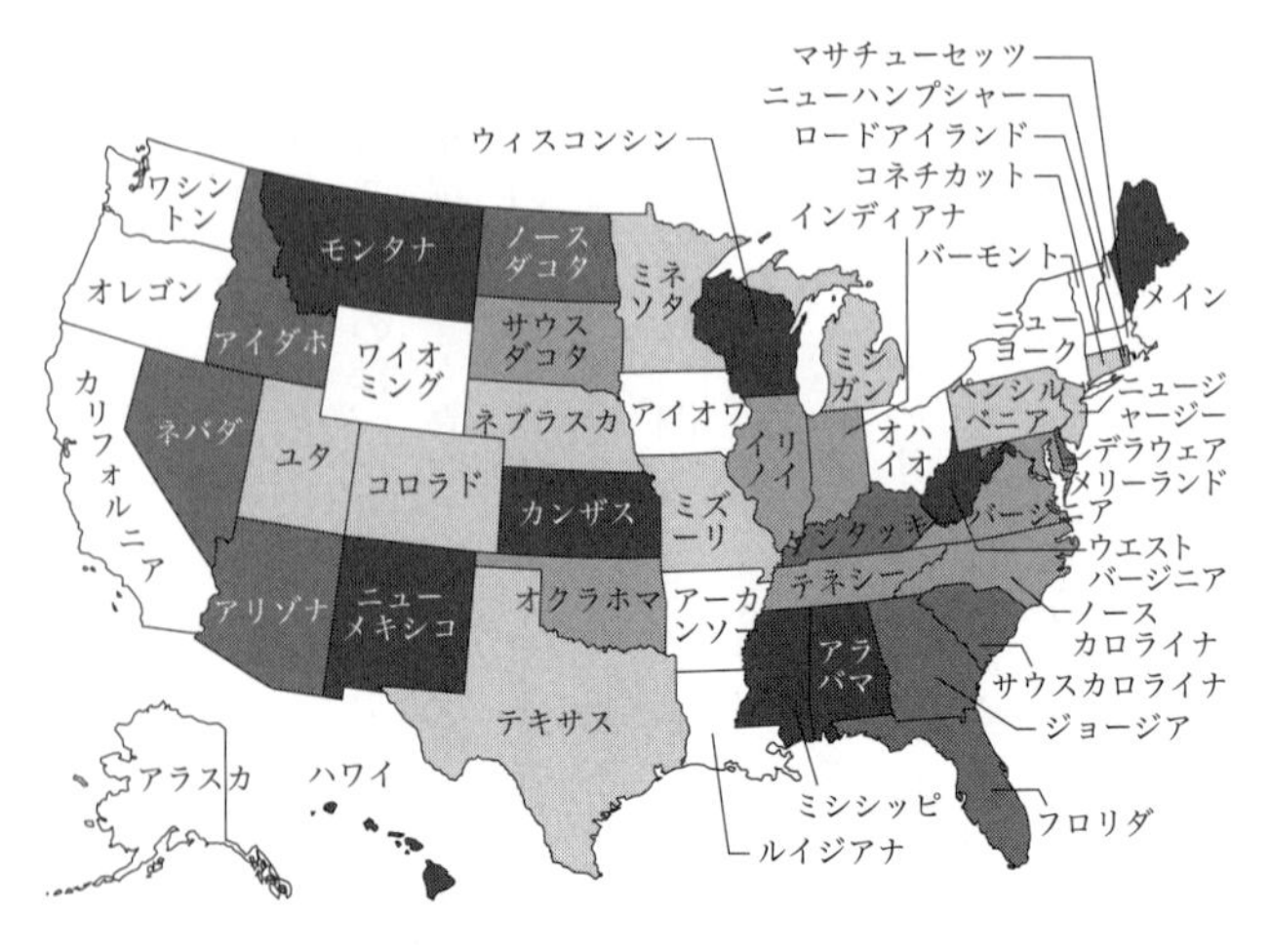

出所：Nguyen et al. (2022)

図 7-1　アメリカの教員不足度(児童生徒１万人あたり，2021～22年)

なっていることだ。グエン博士らのチームは、メディアで教員不足が報じられても、全米のデータがないので教員不足問題の理解が深まっていかないと考え、調査に乗り出したという。未だに「アメリカには教員不足など存在しない」「マスコミが捏造（ねつぞう）した嘘なのではないか」といった懐疑論が、インターネット上に散見されるのは、地域ごとで体感される状況が大きく異なることにも、その一因があるのである。

窮地に立つ公立学校

これほど教員不足が蔓延してい

る状況に、どのような対応がなされているのだろうか。

テキサス州では二〇二一年度から、公立学校を週四日制に変更する学校区が大幅に増えた。コロナ禍以前から、教育予算の削減を目的として週四日制にする学校が増えていたが、教員不足が深刻化したので週四日制がさらに広がってしまったという。教育委員会は、週四日にすれば、予算削減だけでなく、子どもの出席率向上が見込まれるうえ、教師のリクルートにも効果が期待できるとその目的を説明している。しかし調査によれば、週四日制にしたとしても、予算削減効果は三パーセントしかなく、子どもの出席率にも教師の採用にも改善効果はみられないという。

アリゾナ州では、二〇二二年に新たな州法を定め、教員不足への対応として、教員採用基準の引き下げを行った。従来は、公立学校の教員採用条件の一つに、大学卒業を求めていたが、もはや学士号は不要となった。いったん大学生になれば、卒業しなくても公立学校の教員になれるというのである。

軍人を教壇に迎える

フロリダ州では、二〇二一年度の時点で五〇〇〇人程度の教員が不足していた。全米教育協会(NEA)の調査によれば、フロリダ州の公立学校の教員給与平均は、全米五〇州における同教員給与の中でも四八位と低いことで知られ、教員志望者はそもそも不足する状態にあった。そこへ、新型コロナウィルス感染症の影響が及び、二〇二二年度では不足が八〇〇〇人以上になってしまったという。

こうした事態を受け、軍人を教壇に迎えるプログラムが創設された。勤務歴四年以上の州兵で、大学で六〇単位以上を取得してGPAスコア(Grade Point Average：成績の平均値を示し、最高値は四)が二・五以上であれば、大卒の学位は必要なく、五年間有効の臨時教員免許が与えられるという。二〇二二〜二三年度では五〇〇〇人以上の応募があり、一〇人が実際に雇用された。

出所：'New Mexico asks National Guard to work as substitute teachers to keep classrooms open', NPR, 22th February 2022

図7-2 ニューメキシコ州の公立中学校の教室で教える州兵

軍人を教壇に立たせる動きは、他の州にも広がっている。ニューメキシコ州も、教員不足の中で学校を開き続けるために、州職員や州兵から代用教員を募集し、二〇二二年二月の一週間だけで七八人の州兵が教壇に立った。同年二月二二日のアメリカのニュースサイトNPRには、ニューメキシコ州の公立中学校の教室で教える州兵の写真とインタビューが掲載されている(図7-2)。

教育界からは、大学も卒業しておらず教員経験もない人に、学力を向上させる授業が行えるのかといった不安の声や、あるいは、軍人が威圧や暴力なしで反抗期の子どもたちを指導できるのかという批判も聞かれる。しかし、教室に誰かがいなければ公立学校を運営できないため、軍人が教壇に立つ機会は今後一層拡大するものと予想されている。

海外から先生を「輸入」

教員を海外から「輸入」する対策も加速している。ニューメキシコ州やアリゾナ州では、深刻な教員不足に対応して、数学や理科、特別支援教育など、もともと教員の成り手が少ない教科や領域については、フィリピンから教員を「輸入」する政策を拡大した。

英語が話せて面接に合格すれば、三年間だけアメリカ国内で働ける訪問交流者ビザ（J−1ビザ）が与えられる。二〇二〇年以降一〇〇〇人以上、しかもその多くは修士号や博士号を保持する人が、アメリカの教壇に立ったという。ただし、実際には募集要項に書かれていたのと異なる収入や待遇だったり、ブローカーから多額の手数料を要求されたり、住居費が高騰したりして生活が困窮する場合も少なくない。さらには、フィリピンとアメリカの文化の違いやアジア人差別などで、精神的負担を抱えてしまうこともあるという。このようなフィリピン人教師たちの過酷な状況が、ここ数年でも多く報道されている。

フィリピンを筆頭とする国外からの教員の「輸入」は、近年に始まったことではなく、二〇〇〇年代から全米各州で展開されてきた。しかし、教員の人権を踏みにじる事例が多発し、長い間、問題とされてきた。例えば、二〇一二年には、ルイジアナ州でフィリピン人教員たちが、待遇改善を求めて集団訴訟を起こして勝訴したことが大きく報道された。海外から迎えた教員の低待遇は、教育界では多くの人に知られてきたが、未だ改善されずに、さらに深刻になっている。

以上のようなアメリカの教員不足への対応をみると、不足が深刻化すると教員採用基準などは有名無実化していくことがわかる。日本でも、教員免許をもたなくてもよいどころか、大学卒業前の大学生を担任に採用してしまうというような日が来ることになるのだろうか。

コロナ禍による大量退職

アメリカの教員不足にとって決定的な打撃となったのは、二〇二〇年二月に始まった新型コロナウィルス感染症の拡大の影響を受け、教員が大量に退職したことだった。アメリカでは、社会が学校教員を正当に評価せず敬意を表さないことが、この状況を引き起こした真の原因として指摘されている。

合衆国労働省労働統計局の調査によれば、二〇二〇年度以降二二年度までに退職した教員は、全米で三七万人に上るという。二〇二一年の全米教育統計センターによれば、全米で一万四〇〇〇の学校区に一〇万校の学校があり、五〇〇〇万人の子どもを三〇〇万人の教員が教えていたというから、一割以上の教員が辞めてしまったことになる。

コロナ・パンデミックでは、多くの人が経済的に困窮したり、心身を病んだりしたが、教員の疲弊も深刻だった。アメリカでは、二〇二〇年から二一年にかけて、多くの地域で対面での授業は行えず、完全オンラインでの授業実施を余儀なくされた。日本の一斉休校は二〇二〇年二月から五月頃までの三カ月ほどだったが、アメリカでは対面授業の中止がほぼ一年間続いたのである。医療機関がパンクし、経済活動が回らなくなり、社会全体が大混乱に陥るなか、多くの教員が、なんとか子どもたちへの教育活動を続けようと、完全オンラインでの双方向型授業に取り組んだ。

例えば二〇二一年一二月に、私のオンラインでの取材に答えてくれたカリフォルニア州のベテラン小学校教員のケイト先生(仮名)は、「いまも疲れがとれない」と言いながら、二〇二〇~二一年度の一年間を次のように振り返っていた。

「私の学校区は、全米でも教育水準が高くてよい学校区と評価されているし、同じ学年を担当していたジェシカも優秀な教員だったから、とても恵まれていました。教員の労働時間の上限も、もちろん定められています。でも、急に毎日オンライン授業をしなければならなくなって、勤務時間内では絶対に翌日の授業の準備が終わりませんでした。

相手は小学校二年生です。オンラインで授業しようとしても、自宅でパソコンの前にじっと座っていられるはずがありません。そもそも、パンデミックでずっと家に閉じ込められていて、ストレスを溜め込んでいました。だから、なんとか子どもが興味をもって学んでくれるように、オンラインならではの教材をつくったり、教え方を考えたりしなければならなかったのです。

それでも問題がたくさん起きてしまいました。自宅から授業に参加している子どもはまだよいけれど、託児所から参加する子は大変です。幼児たちが周りで遊んでいるなかで、イヤホンをつけてパソコンの前に座らなければなりません。

親たちからも、授業の内容や方法、宿題の量などについて、意見や質問がたくさん来ました。人間関係も難しくなりました。感染状況が変化するなかで、対面に戻してほしいという親と、学校には行かせられないという親が対立したり、教育委員会と教員組合が対立したりして、私たち教員はいろいろな対立に巻き込まれました。だから去年は、睡眠時間以外は一日中ずっと、すべての時間を、教師としての仕事に費やして働いていた感じだったんです」

この先生は、教員歴の長いベテランで、子どもからも保護者からも信頼されている人だが、それでもこれほどの苦労を重ねたというのである。

しかも、二〇二一年秋からは、多くの学校が対面での授業を再開したが、教員の仕事はさらに困難さを増したとケイト先生は言う。一年ぶりに登校するようになった子どもたちは、運動不足になっており、ストレスを溜めていたうえ、対面での人間関係をうまく築けず、教室でのトラブルが激増するようになっていた。また感染を恐れて対面授業に参加しない子どももいるため、対面授業とオンライン双方向型授業とを同時に行う必要が生じ(ハイフレックス形式)、手間暇が一層かかるようになった。

ところが、こうした教師たちの献身的な努力が、一時金や昇給、代替休暇の取得などで、具体的に労われることは、ほとんどなかったという。ケイト先生の学校区は、裕福だといわれる地区に位置するけれども、そこでさえ特別手当はなかった。「アメリカでは、教員が社会的にリスペクトされていないことが、教員不足の最大の原因だと思います」とケイト先生は語る。

多くの教員は、オンライン授業の実施だけで疲れ果てて心を病んだり、体を壊したりして退職していたのに、さらに対面授業の再開後にも無償の自己犠牲を強いられたため、もうこれ以上は無理だ、とさらなる教員が退職していったのである。年度の終わりまで耐えられず、年度途中に授業を放り出す形で退職する教員も多かった。

アメリカにおける教員不足の背景

グエン博士など多くの研究者たちからは、現在の教員不足の大きな原因は、他に少なくとも二点あると指摘されている。一つ目の原因は、社会の分断や対立が学校現場に持ち込まれていることであり、二つ目の原因は、きちんと教員を養成して安定的に供給するシステムが壊されたことである。この二点は、すでに日本でも共通して起こっているが、アメリカではどんな状況になっているのかをみていこう。

第一に、アメリカでは、社会の分断と対立が深刻化し、しかもその対立が教室に持ち込まれて、教員個人が批判や攻撃の矢面に立たされるようになっている。教員を守る仕組みが十分でないために、教員志願者が増えないばかりか、教員になってもやめてしまう人が増え、平均勤続年数が相対的に短いのである。

例えば、アメリカの教育現場では、読み聞かせに用いる本一冊を選ぶのにも、慎重さが求められるようになった。日本でも二〇〇〇年代以降は、学校や図書館から論争的な書籍を撤去させる動きが起きるようになった。漫画『はだしのゲン』に不適切な描写があるとして図書館から撤去すべきという要請が各地で相次いだことなどは、その一例である。日本のこの状況がもっと先鋭化しているのがアメリカで、学校図書室の本や教科書を検閲し、教育上適当でないと思われるものは排除しようとする保護者や民間団体が活発に活動している。

非営利団体ペン・アメリカの調査によれば、アメリカ国内で、教室や学校図書室での使用に異議申し立てが出された本は、二〇二二～二三年度だけで三三六二点に上り、そのうち一五五五七点が教育委員会によって禁書に指定され、実際に撤去されたという。

もともと左派からは、「政治的な正しさ(ポリティカル・コレクトネス)」の観点から、マーク・トウェインの『ハックルベリー・フィンの冒険』や、ローラ・インガルス・ワイルダーの『大草原の小さな家』が、黒人や先住民の描き方に不適切な部分があると批判されるようになっていた。

これに対する反動として、今度は右派から、人種問題や女性差別、あるいは性的少数者の物語を扱った作品は、子どもにふさわしくなく、また白人の子どもの心を傷つけるとして、組織的な排斥運動が展開されるようになった。禁書リストの上位には、ノーベル文学賞受賞者トニ・モリスンの『ザ・ブルー・アイズ』(白人のように青い目が欲しいと願う黒人少女の葛藤を描いた物語。邦訳『青い眼がほしい』大社淑子訳、ハヤカワepi文庫、二〇〇一年)や、公民権運動を指導したマーチン・ルーサー・キング牧師をテーマにした児童書などが並ぶ。

ひとたび教育委員会による禁書リストに指定されると、学校の中に置くことができないので、例えば図書室に右派の本も左派の本も置いて全体でバランスをとるというような配架をすることはできない。政治的対立が激しい地域の公立学校の図書室では、本の検閲のために空っぽにされた本棚が並ぶ光景が珍しくなくなってしまった。

分断の最前線としての教育現場

アメリカの教員たちが恐れるのは、これらの社会の分断や対立による批判が直接学校に持ち込まれ、校長や教員個人が、処分や解雇の対象にされていることだ。

二〇二三年九月には、テキサス州のハンプシャー・ファネット独立学校区の中学校で、八年生担当(日本の中学二年生相当)の教員が絵本版『アンネの日記』を授業で取り上げたことを理由に解雇された。この本は、アンネ・フランク自身の日記の内容を、アリ・フォルマンが英語に翻案し、デイビッド・ポロンスキーが漫画風に絵を描いて構成した絵本である。アンネ・フランク財団から公認され、ニューヨーク・タイムズ紙の書評でも高く評価されていた。

しかし、この絵本に、思春期のアンネが女性の身体の変化に関心を寄せる場面が含まれていることが問題視されたという。教員側は、この本は教育委員会の認定本リストに含まれていたし、書籍の読者対象年齢は八年生から一二年生と記載されており、発達年齢を考慮しても教材として妥当なものだったと主張したが、解雇処分となった。二〇二三年夏現在では、処分の妥当性をめぐって係争中だという。

一方、二〇二三年三月には、校長が辞職に追い込まれる事案が起きた。フロリダ州の、一一歳から一二歳の子どもが在籍する六年生の授業で、ルネッサンス美術に関する学習をしていた際、教師が教材として何点かの写真を提示した。その中に、世界的に知られるミケランジェロの彫刻「ダビデ像」の写真が含まれていたことを問題視した親が、学校を厳しく批判した。そのため教育委員会は、この親からの「保護者の同意を得ずに、子どもたちに男性のポルノグラフィを見せた」という批判を受けて、校長に対して解雇か依願退職かの二択を迫ったという。本来なら、校長が保護者にダビデ像の写真を授業で扱うことを通知し、子どもを授業に参加させるかどうかの同意をとるべきだったが、その作業を怠ったというのである。

教員が強い不安と不満を持つのは、社会には多様な価値観や意見があるにもかかわらず、学校や教員個人が一方的に批判にさらされ、脅迫されたり、処分や解雇の対象になったり、告訴されたりするからである。まじめに授業を行っただけなのに処分されてしまうような職業に、誰が就きたいと思うだろうか。「教育の専門家としての校長や教員の意見が、社会では尊重してもらえない」という思いから、教職が好きで生きがいを感じているにもかかわらず、教壇を去る教員が増えたのである。

教員養成機関にも批判の矛先

教員不足の主原因として第二に指摘される理由は、アメリカの大学の教員養成プログラムが激しい批判にさらされ、教員を安定的に供給することが難しくなっていることである。

産学連携が進むアメリカの大学では、教育学部にいくら予算をつけても理工系学部のように莫大な利潤を生み出すことがないため、大学内部でも、教員養成プログラムは経済的な生産性が低いとして批判の的にされてきた。どれほどよい教員を育てても、大学が多額の寄付金を得られたりはしないため、評価されないのである。

また、公立学校の教員の質が低いのは大学の教員養成の質が低いからだ、という批判も根強い。しかし、スタンフォード大学のデイヴィッド・ラバリー名誉教授は、政治家が問題を起こしても政治学部は批判されないし、経済が不況に陥っても経済学部は批判されないのに、公立学校の問題はすべて教育学部のせいにされてしまう言説構造の矛盾を指摘している(Labaree 1997)。

こうした状況を受けて、民間団体が大学の代わりに短期間で教員を養成するプログラムを開発するようになった。例えば、ティーチ・フォー・アメリカ(Teach For America)という団体は、財政状況が悪くて慢性的に教員不足に陥っている都市部の学校に、ハーバードやイエールなど優秀な大学の学生をリクルートして、五週間ほどの研修を受けさせ、教員として二年間派遣するプログラムを開発した。連邦政府も、こうした短期間の教員養成プログラムを教員不足対策として推奨してきた。

しかし、この短期間教員養成プログラムの効果に関しては論争が絶えない。教員が慢性的に不足する地域に、民間団体から教員が派遣されること、しかも教員養成系大学よりもずっとレベルの高い大学を出た人たちが派遣されてくることに、意義を見出す論調が一方にある。ところが、このプログラムに応募する人は、二年後にはもっとよい待遇の仕事に転職していく場合が多く、教員として学校に残る人が少ないことを、問題視する論調も根強い。経験の浅い派遣教員が二年ごとに入れ替わる学校の子どもたちは、落ち着いた環境で教員との信頼関係を築けず、結果としてますます不利な教育環境になっている、という批判である。

いずれにしても、伝統的な大学の教員養成課程は批判にさらされ、安定的に教員を供給することができなくなってきたのである。こうした教員養成機関の縮小も、教員不足の一因となってきたといわれている。

女性化された教職

アメリカの教員不足を理解するうえで、日本とは異なるアメリカ社会独自の特徴をさらに三点、指摘しておこう。第一は教職の女性化であり、第二は徹底した分権制度、第三は広大な国土における地域差である。

日米の相違点の第一は、教職の女性化である。アメリカは日本と異なり、公立学校をつくったその最初の時期から、教育に十分な公的予算をつけて優秀な人を確保する政策よりも、安い労働力を動員して教員数を確保する政策がずっと続けられてきた。かつてはそれが女性の労働力だったが、現代では軍人や海外移民などの労働力になっているということなのである。

一九世紀初頭のアメリカでは、近代国家の建設にあたって、庶民の子どもが通う公立学校をどう普及させるか、そしてその教員を雇用する予算をどう確保するかが、大きな課題となっていた。当時の議論を読むと、男性の政治家や知識人たちは当初、教職を医師や弁護士に匹敵するような、男性の専門職にしようと考えていたことがわかる。アメリカは、神に特別に愛された自由と平等の国なのであり、その建国理念を子どもたちに伝え、国としての凝集力を高めるという教師の使命は、素晴らしく崇高なものだと考えられたのである。

そもそも、教師は男性でなければならなかった。男性の教師が見つからなければ、学校は閉校になるか、身分の低い男性の白人年季奉公人を探すかするのであり、男が女に教わるなどありえないと考えられていた。

ところが、実際には公立学校に優秀な教員を集めたり、教員を養成したりするためにきちんと予算を確保しようとする政治勢力は現れなかった。自分たちの子弟は、歴史と伝統のある富裕層向けの学校に通わせており、世俗の公立学校という考え方に反対する宗教指導者たちも多かったからである。そこで公立学校設立運動のリーダーたちは、優秀な男性を雇用しようとする方針を諦めて、安く雇える女性を雇用する政策へと転換していった。「愛と徳に満ちた女性こそが教職にふさわしい」という理念を掲げ、女性の安い労働力を利用したのである。

女性教員の給与は、男性教員の四分の一以下に設定されたが、女性教育者たちもこの政策に積極的に賛成していった。たとえ労働力を安く買い叩かれたとしても、選挙権どころか遺産相続すらも認められていなかった当時の女性たちにとっては、教職は現金収入を得られる貴重な道となった。何よりも、もっと勉強したいと願う女性たちにとっては、初等教育以上の教育を師範学校で受けられる道が開かれたのである。それゆえ、マサチューセッツ州を皮切りに、教職は急激に女性職となっていき、州立師範学校の多くは女子校として設立されていった(佐久間 二〇一七)。

いまでもアメリカでは、幼稚園や小学校教師の八〜九割、中学校や高校でも七〜八割は女性であり、教職は圧倒的に女性の仕事になっている。皮肉なことに、ひとたび女性職になると、社会的地位も職業的威信も、男性職よりも低くなるし、その職業の賃金は上がりにくくなる。アメリカで、教員が十分に尊敬されないのは、公立学校建設の最初から、教職の社会的地位を向上させるための政治的努力が十分に行われてこなかったからだといえるだろう。

日本では、明治期に学校制度を設立する時、初代文部大臣・森有礼(もりありのり)がアメリカを視察し、教職が女性化して教職の給料だけでは生計を立てられない実情を学んでいた。そこで森は、教職を国家に奉仕する仕事として、つまり男性が生涯を捧げるに値する仕事として構想し、よくも悪くも女性の教員への登用は幼稚園と小学校に限定したのだった。

そのため日本では、現在でも幼稚園教員の大半が女性であるのに対し、中等教育段階では男性教員の占める割合がＯＥＣＤ諸国の中で格段に高い。つまり、男性が中学校や高校の先生をしていても恥ずかしくない社会的地位が維持されてきたのである。ただし近年では、教職の待遇の低下に伴い、日本でも教職の女性化が進んでいる。

教育政策の地方分権と個人主義

日本との相違点の第二は、アメリカは建国期の最初から、政府の権限を抑制しようとする文化をもつ社会であるという点である。アメリカで教員が慢性的に不足する背景には、このアメリカの歴史や文化的伝統がある。

教育についても、連邦政府の権限は憲法で制限され、州の内部でも教育に関する権限が州、郡、学校区、校長などで分権化されている。したがって基本的に、公立学校の運営費は、その地域ごとの個人・企業に課される固定資産税を主たる財源としている。

教員を採用する権限は、学校長がもつ。日本のような広域人事や他校への人事異動はない。それゆえ、貧困層が集まる地域の学校では、慢性的に教員が不足しやすく、悪循環が生じやすい。つまり、税収が低い地域では、教員の待遇が悪く、欠員が出やすい。欠員が出ると、採用を急ぐため教員免許をもたない人でも採用することになる。しかし、教職に就くための勉強をしていない人には、困難を抱えた子どもの指導は難しく、短期間で辞めてしまい、さらに欠員が生じるという悪循環になっている。そして、先生が次々と辞めていく状況下で、子どもたちは、自分たちが見捨てられた存在だと感じて傷ついたり、大人への不信や反感を強めてしまう場合も少なくないという。

一方、教員の給与水準を決定する権限は、学校区と呼ばれる組織がもつ。学校区ごとに給与水準は大きく異なるが、全米平均でみても、同じ能力をもつ人が就職できる仕事と比較すれば相対的に低い。その理由はいくつもあるが、前述したとおり、教職が早くから女性化し、給与が低いままになってきたことが最大の原因だといわれている。

また、アメリカでは、夏休みの間は教員には給与が支払われない。教員の仕事は基本的には授業だけなので、授業がない期間はまったく労働しないからである。アメリカの学校は一般的に八月末に始まり、六月上旬にその年度を終える。年度と年度の間の夏休みは三カ月弱もあるため、年収は九カ月分ほどしか稼げない。

アメリカ社会では、教員に限らず、収入を上げたり待遇を改善したい人は、自分で交渉したり、より有利な条件の職場に移るのが一般的である。教員は、修士号を取得するなど一定の要件を満たせば、終身在職権が与えられるが、それでも待遇に不満がある人は転職していく。二〇一二年の連邦教育局のフォローアップ調査によれば、当時でさえ毎年二〇パーセント近い教員が退職していた。近年では、前述したように、何か問題が起きればすぐに批判され、訴訟になったり責任をとらされたりするため、校長や教育長のような管理職でさえ、たった数年で退職してしまう傾向が強まっている。平均勤続年数が短いと経験を積みにくいし、効果的だが時間がかかるような地味な取り組みが行われにくい。

転職せずに収入を上げたい教員は、副収入を得ようとアルバイトに精を出す。私が住んでいたカリフォルニア州の学校区では、教員が夏休みに、六月まで受け持っていた生徒の家庭教師をしていた。日本の感覚だと、「学校の先生の授業を夏休み中も受けられる生徒と、そうでない生徒が出るのは不公平ではないか？」という疑問も湧くが、アメリカでは問題ないらしい。

教員のアルバイトについて他の親に尋ねたところ、「先生は普段から授業を一生懸命やって子どもから評価されれば、夏休み中も親に雇用されて副収入を稼げるのだから、授業へのモチベーションが高まるでしょう。親も先生も、ウィン・ウィンですよね。何が問題なの？」という返事だった。先生も人間なので、夏休み中に家庭教師をした生徒の方を、翌年度の学校で優遇してしまう可能性があるように思うが、そういう可能性は考慮されないらしい。

また、家庭教師以外でも、教員が一生懸命授業をして、親からの評価が高ければ、親から様々なプレゼントが届く。私の子どもが通っていた学校区では、クリスマスに、それぞれの親から現金のプレゼントが教員に渡されることも一般的で、それも教員の重要な副収入になっているとのことだった。親から評価されなければ、プレゼントは減る。徹底した個人主義の世界がそこにある。

広大な国土と地域格差

日本との相違点の第三は、広大な国土と開拓の歴史を背景に、アメリカでは大きな地域間格差と学校間格差が存在している点である。

例えば、アメリカの教育というと、充実しているイメージがあるかもしれないが、OECDが実施するPISAテストの結果をみると、二〇二二年で読解力九位、数学三四位、科学一六位と、日本よりずっと低い。地域ごと、学校ごとの教育格差が大きいため、国としての順位が下がってしまうのである。

この地域間格差、学校間格差は、日本の常識では想像しにくいほど大きい。多くの地域では教育予算は不十分であり、必修教科の数は日本よりも少ない。特に、音楽や美術、技術などの実技系の科目や選択科目は、財政状況が悪くてきちんと学べない学校もある。

カリフォルニア州では、音楽や美術の授業は、PTAや地域の篤志家からの寄付金で運営されている。寄付金が不足すれば、音楽の教師が雇用できず、その学校の子どもは、その年度には音楽の授業を学べない。逆に、裕福な地域では、寄付金でフル・オーケストラの楽器が用意され、立派なホールで音楽発表会が開催されたりする。差が出るのは、学べる科目の種類だけではない。貧困地域では、学校に体育館がないため体育の授業ができないとか、備品の予算がないため、子どもがトイレット・ペーパーを持参しなければならないといった状況になる。

地域ごとに学校の状況がこれだけ異なるために、教員が集まりやすい地域と慢性的に不足する地域が生じてしまうのである。

生まれた境遇で一生が決まる社会

優秀な先生がどんどん転出して、より有利な条件の職場へ移って行くことはよいことなのではないか、と感じる読者もいることだろう。

問題なのは、それが子どもにとってどのような意味をもつかである。経済的に安定した親は、しっかりした公立学校がある地域に住んでいるか、よい学校のある地域に引っ越すことができる。あるいは、高い学費を払って子どもを私立学校に通わせることができる。つまり子どもは、きちんと先生が揃っている学校に通い、優れた授業を受ける機会にも恵まれやすい。様々な専門の先生が揃っているため、選択教科もきちんと開講され、芸術や体育なども幅広く学べる。

しかし、不運にも親が病気になったり、離婚したり、失業したりなどで経済的に恵まれない家庭に生まれた子どもは、学校に行っても先生がいなかったり、教員免許をもたない先生ばかりだったり、先生が突然退職して次々と替わってしまったりするなどして、きちんとした授業を受けられないリスクが高くなる。もともと困難な境遇に生まれたのに、よい教育を受けられる機会が減り、その境遇から抜け出すことがさらに難しくなってしまうのである。

一九九〇年代末に私がアメリカの大学院に留学していた時、同じ授業を履修していた白人のブライアンが、「実は、僕は黒人と同じクラスで勉強するのは、これが生まれて初めてなんだ」と言うので、とても驚いたのをいまも鮮明に思い出す。さらに話を聞くと、彼は大学に来るまで障害者と一緒に学んだこともないというのだ。町にはこんなにたくさん黒人も障害者もいるのに、なぜ？　留学先のミシガン州には、白人は裕福な学校に通い、黒人は黒人やヒスパニックが集まる学校に通うという分断があったのだった。

二〇年以上経ったいまでは、その分断がもっと深刻化し、固定化している。もはやアメリカン・ドリームは過去の夢であり、現在では子どもが生まれた時点でどんな教育を受けられて、どんな人生を歩むことになるのかが、ほぼ決まってしまう。貧困地域に生まれ、人生に絶望した子どもたちの状況は、ロバート・パットナムが『われらの子ども――米国における機会格差の拡大』（パットナム 二〇一七）で丹念に描き出しているとおりである。

貧しい地域に教員が確保されない構造は、そこに生まれた子どもにとって、幼少期から先生にさえ恵まれず、まともな教育を受ける機会を相対的に剥奪される構造を意味している。教員不足の深刻化に伴い、どんな地域のどんな親のもとに生まれたかで人生が決まってしまう社会へと、アメリカはますます変化しつつある。

子どもがどんな地域や境遇に生まれても、その地域の公立学校にしっかりした先生がいて、安心して学べる機会を保障されていることは、子どもにとってだけでなく、誰もが安心して暮らせる社会を成り立たせていくのに必要不可欠なのだと、アメリカ社会の現実は示している。

ミドル・クラスの苦悩とセーフティ・ネットとしての学校

なお、アメリカでは子どもを私立学校に通わせる家庭が、重い教育費負担にあえいでいることも指摘しておかなければならない。高い大学進学率を誇るような、しっかりした私立学校に通わせるなら、いまや日本人の平均年収では到底払いきれないほどの、高額な学費を負担しなければならない。しかもその学費は、私立学校を警備する費用などが高くなるにつれ、どんどん高騰している。

したがって現在では、しっかりした私立高校に通わせて大学は州立大学にするか、高校は公立高校に通わせて著名な私立大学に合格させるかなど、選択に悩む家庭が増えていると聞いた。中産階層にとっても、もはや私立学校は経済的に手が届きにくくなってきており、公立学校をセーフティ・ネットとして頼りにせざるをえない状況になっているのである。

富裕層の私立学校

世界的ＩＴ企業の本社が集中するシリコン・バレーに立地する、ある私立学校を見学させてもらったことがある。その中学校は、一年間の学費が一〇〇〇万円以上になるという。見学してみて、それほどの学費を出しても通わせたいと思う親がいるのも頷けた。

その学校は、サンフランシスコ湾を見下ろす高台に位置し、緑の木々が風にそよぎ、青々とした芝生が広がる大きな庭に囲まれていた。庭の向こうには、アットホームな雰囲気の美しい校舎がたたずむ。資産家の元邸宅が改装されて教室になっており、暖炉の前にはふかふかのソファーが置かれている。

その日、国語の授業には一〇人ほどの生徒がいて、ジェンダーに関連する学術論文を読み合っていた。ここは中学校なのに研究論文がテキストにされているのか、と信じがたい思いだった。

「ここは天国かと思いました。みんながあまりにも幸せそうで、まぶしすぎます」と私が思わず漏らすと、その学校の教員が内情を教えてくれた。もちろん生徒同士のトラブルや、親の虐待など様々な問題を抱えているのは他の学校と同じだという。さらに、こうした私立学校の豊かな教育環境は、別の見方をすれば特定の人々を排除することで成り立っている空間でもある。この学校では、できるかぎり人種の多様性を尊重しているが、やはり黒人の子どもや、身体障害とともに生きる子どもなどは、ごく少数しか在籍していない。そのため、この学校のように、ある意味で閉ざされた環境で育った子どもたちが、マイノリティの現実をどこまで理解できるようになるのか、さらにはアメリカ社会の分断を統合へと導く市民に育ってくれるかどうかは、未知数だというのである。

また彼女は、「私自身も、いつも将来への不安を抱えています。この学校の保護者も同じだろうと思います」と、教員としての不安も率直に語っていた。この学校の教員の多くは修士号や博士号をもっており、年収も一〇〇〇万円以上になるという。ただその年収でも、平均年収が三億円を超えるこの地域ではかなり低い方で、給与が低すぎることを理由に転出する教員が後を絶たないそうだ。

しかも、その「低い」教員給与でさえ、大企業の重役である在学中の子どもの親からの億単位の寄付金などで賄われている。ところが、その大口寄付者は、寄付金とともに学校への要望や注文も寄せてくるようになった。例えば、政治家を名指ししてその政治家を讃える授業をしてほしいとか、セクシュアリティに関する授業はしないでほしいといった要望だという。そうした寄付者の要望が具体的になるにつれ、学校の立場や意向との折り合いがつきにくくなっており、もしもその大口の寄付金が途絶えたら、給与が払えず解雇される教員も出てくるだろう、と彼女は言う。自分がいつ解雇されるかわからない不安とともに、日々教員として働いているのだ、と彼女は語った。

この学校の教員に限らず、そもそもアメリカの雇用は流動的なので、誰もがいつ自分が解雇されるかもわからないという不安の中で生きている。そして、子をもち親になると、子どもの学費負担と、子どもの人生に対する責任が重くのしかかる。病気や失業や離婚などで、子どもの学費が払えなくなれば、子どもの人生の可能性もそこで閉ざされてしまうかもしれない。

私立学校の存在意義は十分に肯定されるものだが、それと同時に、誰もが安心して通える公立学校の存在も、人々にとってのセーフティ・ネットとして機能する重要な価値をもっている。このことを、アメリカ社会の現実は物語っている。

日本でも、自分の子どもは私立学校に通わせるから公立学校は関係ないと考える親がいるかもしれない。しかし、公立学校の意義は、そこに通う子どものためだけにあるのではない。教育の機会を保障し、誰もが安心して暮らせる社会を維持するためのセーフティ・ネットであることも忘れてはならない。

第8章　誰が子どもを支えるのか

――八つの論点

本書では、佐久間研究室が調査したデータにもとづいて、なぜ教員が足りなくなってしまったのかを検討し、不足の最大の理由は国の政策転換にあったことを明らかにしてきた。教員不足の主原因が政策にあったのなら、教員不足は政策で改善していけることになる。現時点で提案できる具体的な方策案については、すでに第6章に述べたとおりである。

今後の教員政策の方向性や財源配分については、国の政策決定の場に委ねるほかはない。また、私が第6章で示したのとはまったく異なる方向性もありうるだろう。したがって本書の最後に、今後の教員不足対策についてどのような議論が求められるのか、私たちが考えるべき論点を八つ提示しておきたい。ただし、本書では、日本の総合的な国家戦略や文教政策、社会福祉政策などの全体を論じることはできない。そのため、あくまでも公立学校の教員数をどう確保するかに関わる論点に絞って、整理することにしたい。

いずれにしても、これらの論点をみれば、教員不足という事象にどう対処していくかは、教育問題であるだけでなく、これからの日本社会のあり方の根幹に関わる問題であることがみえてくるのではないか。

自分の立場・視点を相対化する

教員政策の論点を整理する前に、その議論の前提を共有しておこう。日本でもすでに社会が多様化し、教員不足をどうするかを議論する土台が共有されにくいからである。

一つ目に、教員不足をどうするかは、短期的な計画だけでなく、中長期的な計画を要する問題であり、どんなタイムスパンで議論するかを共有する必要がある。なぜなら、その人の属する世代によって、予算配分を議論する時間軸が異なってくるからである。すでに多くの研究によって、六五歳以上の世代では、義務教育費の増額を支持しない割合が高いことが明らかになっている。高齢者の世帯では、自分たちの年金や高齢者福祉にこそ予算を回してほしいと思うのも自然な流れだろう。

日本の年齢別人口をみると、二〇二三年時点で六五歳以上が人口の約三割を占めるのに対して、一五歳未満の人口は約一割しかない。世帯別にみても、子育て世帯が全世帯に占める割合は一八・三パーセントしかない。直近の予算配分を多数決で決めるなら、若い世代は不利な立場に置かれる。しかし、教育は未来に関わる仕事である。少なくとも、いま生まれた子どもが成人し、親になって次世代の子どもが生まれる時期まで見据えた議論、さらにはもっと先の未来をにらんだ議論が求められている。

また、議論の前提の二つ目として、その人の住む地域や経済的な状況によって、教育について「当たり前」と思うことが異なることも、指摘しておきたい。

例えば、私立小中高校に通う子どもが増えている地域では、公立学校への財政支出を縮小すべきだと考える人もいるかもしれない。確かに東京都では、二〇二三年時点で私立中学校に進学した子どもが二〇パーセント近くに増えている。政治や経済、メディアの中心で日本の教育を議論し政策を左右する人々が、有名私立学校で学んできたという場合も少なくないだろう。

しかし、東京都や大都市の状況が全国に当てはまるわけではないことに注意が求められる。令和四年度学校基本調査によれば、全国すべての学校のうち、私立小学校が占める割合は約一パーセント、私立中学校は約八パーセント、私立高校は約二七パーセントである。全国的にみれば、ほとんどの子どもたちが公立学校で学んでいるのである。自分が受けてきた教育や、自分の体験ばかりにもとづいて教員不足の問題を議論すると、全体像を見誤ることにもなりかねない。

公立学校は社会のライフライン

公立学校の教員不足対策を論じるための土台として、さらに二つの事実を共有しておきたい。

第一に、子どもを安心して通わせられる公立小中学校は、水道や電気、医療と同じように欠かせないライフラインの一つだということである。地域から公立小中学校がなくなれば子育て世帯は転出せざるをえないし、公立高校がない地域からは一五歳人口が流出してしまい、地域社会や自治体そのものが成り立たなくなる。逆に、住宅や公立学校を整備し、子育て世帯を誘致することで消滅可能性都市から脱却した自治体もある。公立学校の教員をどうするかという問題は、日本の多くの地域にとって、地域の存続そのものに関わる死活問題なのである。

また、日本の公立学校が教育の機能だけでなく、社会福祉の機能や、地域の防災拠点としての機能なども担わされていることも忘れてはならない。私たちの当たり前の日常生活が、公立学校教員の働きにどれほど支えられているかは、もっと知られる必要がある。

例えば、災害時に公立学校が避難所としてすぐに機能しはじめるのは、教員が日頃から災害に備える職務を果たしているからである。公立学校の教員が、地震のたびに必ず報道で震度を確認し、台風が迫れば避難所設営に備えて、遠くの自宅からあえて勤務校に向かうような努力をしているからこそ、地域の学校を避難所にできるのである。

このように、教員の数をどうするかという議論は、急激な少子高齢化の進むなかで、日々の暮らしをどう成り立たせていくのかにつながる問題として議論される必要がある。

日本の教職員数は先進国で最少

第二に、すでに日本の教員数は先進国で最少であるという事実を共有しておきたい。

二〇〇九年に公表されたOECD調査の数値をみてみよう(表8-1)。少し古いデータになるが、これが、教職員数の国際比較調査(職種別内訳を含む)に日本が参加した最新の数値になる。この調査結果をみると、児童生徒一〇〇〇人あたりの公立幼稚園・小中高校の常勤教員数は、OECD平均で七六・四人、EU一九カ国平均で八二・七人のところ、日本は六三・五人しかいない。小さな政府を掲げるアメリカの六七・二人、イギリスの六五・八人よりも少ない。しかも、この数値には臨任も含まれているため、正規雇用教員の数はもっと少なくなる。

学校職員や教育行政担当者の数を含めた、教育関係の職員数全体でみたとしても、OECD平均で一一六・三人、EU一九カ国平均で一二五・〇人、アメリカは一三一・五人なのに対し、日本は八五・三人しかいない。日本は二〇〇九年の時点でさえ、データのある先進国で最も少ない教職員数しか配置していなかった。

現状で日本は、先進国で最も少なく、アメリカの六割ほどしかいない教職員で学校教育を運営している。もしも今後、日本がさらに教員数を削減するのなら、子ども一人あたりの教員数は、世界でも類例をみないほど少ない国になる。

なお、教員数をどうするかという課題は、公立学校の概念を広げたり、運営主体や授業方法を多様化したりしても、変わらず重要な課題であり続ける。例えば公立学校を民営化するとか、フリー・スクールを公立校として認めるとか、通信制学校を拡大したとしても、一定の教員を

表 8-1　教職員数の国際比較(児童生徒 1000 人あたりの数値)

	教員		専門的支援職員	学校経営・教育行政担当者		学校保守管理担当者	教職員合計
	学級担任・その他の教員	補助教員・アシスタント		学校経営の管理職	教育行政担当者		
	(1)	(2)	(3)	(4)	(5)	(6)	(7)
オーストラリア	71.3	x(5)	2.3	m	20.5	2.9	97.0
チェコスロバキア共和国	71.8	1.1	7.6	4.3	19.5	16.8	121.2
フランス	69.8	2.4	m	4.7	5.3	8.3	90.5
ギリシア	117.4	0.4	a	10.7	1.4	0.3	130.3
アイスランド	96.9	7.7	5.7	11.7	4.8	24.6	151.4
イタリア	97.1	3.2	10.8	2.7	14.0	28.6	156.4
日本	63.5	m	5.5	5.6	4.9	5.8	85.3
韓国	47.0	a	m	2.8	m	m	m
メキシコ	34.5	0.2	1.1	6.3	18.0	5.9	66.1
ノルウェー	95.6	8.1	4.4	8.3	m	5.7	122.2
イギリス	65.8	m	m	m	m	m	m
アメリカ	67.2	13.3	9.7	5.2	10.0	27.1	132.5
OECD 平均	76.4	4.7	5.0	5.8	10.8	13.5	116.3
EU 19 カ国の平均	82.7	3.0	5.2	5.3	10.0	15.4	125.0

a：制度がないため該当するデータがない
m：データが不明
x：同じ表の別のカテゴリー，もしくは別にデータが含まれている．例えば，オーストラリアの(2)にある x(5)は，(2)の項目が(5)に含まれていることを示す．
出所：OECD, 'Teaching staff and non-teaching staff employed in primary, secondary and post-secondary non tertiary educational institutions (2007)', 2009

安定的に確保することは必要になる。教員の数の確保は、多くの国で教育政策の一丁目一番地に位置づけられる最重要課題なのである。

以上の事実を共有したうえで、八つの論点を整理しておきたい。

論点① 教員数の地域格差をどこまで容認するか

第一の論点は、教員数の地域格差をどこまで容認するかである。教員政策を貫く理念の方向性をどうするか、といってもよい。

これまで日本はアメリカと異なり、教育の機会均等を原則とし、生まれた地域によって受けられる教育の格差を小さくしようとする努力を続けてきた。明治期に創設された小学校の費用は、もともとは市町村の負担とされていた。しかし、市町村にはその財政負担が重すぎたため、昭和初期になると、広い地域で財源を確保できるよう道府県が負担し(県費負担教職員制度)、それを国が補助するようになった(義務教育費国庫負担制度)。

さらに戦後は、都道府県間の格差も問題となり、国が学級規模や教職員定数の標準(義務標準法)を定めて、格差の縮小に努めてきた。地域間の財政力格差を是正し、国民みんなで公教育費を負担し合う制度の追求は、生まれた境遇によって子どもが受けられる教育に差がでないようにしようという理念にもとづいていたのである。

ところが、この二〇年間の教員政策は、明治以来の道のりを逆に進み、教員の数や子どもの学習環境に関する自治体間の格差を拡大させてきた。二〇一九年に大学入試改革が議論されていた折に、当時の文科大臣が「(子どもたちは)自分の身の丈に合わせて頑張ってもらえれば」と発言して批判を浴びたが、これは失言というよりもむしろ、二〇〇一年以降の日本の教育政策を端的に表現した発言だったといえる。今後は、子どもが生まれた境遇によって、受けられる教育の質が違ってしまうという不平等を、私たちの社会はどこまで容認していくかが、大きな論点となるだろう。

もしも私たちが、せめて義務教育段階では、子どもがどんな境遇のもとに生まれてもきちんとした教育が受けられる社会を望むなら、全国の公立学校に教員を確保していこうとする政策努力が欠かせない。残念ながら実際には、いつの時代でもどんな社会でも不平等は存在し続けるだろう。それでも、教育社会学者の苅谷剛彦が指摘するように、「よりましな不平等社会」を築いていくためには、誰もがきちんとした教育を受けられる機会を保障する政策や所得再配分政策が必要になるのである(苅谷 二〇〇三)。

論点② IT技術は教員の代わりになりうるか

第二に、IT技術は教員を代替できるのか、できるとすれば、どのように代替し教員を削減していくのかが論点となる。

財源は限られているため、さらなる教員削減を目指す人々からは、「ＩＴ技術が発達したのだから、教員削減は当然だ」とか、「生成ＡＩが進化していくのだから、もう教員はそんなに多くなくていいだろう」という主張が聞かれる。これらの主張には、科学技術によって人間の教員を代替しうるという前提がある。

実際に、市場原理による教育改革を推進してきたアメリカでは、すでに教員をＩＴ技術に置き換える公設民営の学校が急拡大している。例えば、カリフォルニア州を拠点とする団体「ロケットシップ」が運営する公設民営の公立学校(charter school)は、「個別化された学習(personalized learning)」を掲げて、急成長を遂げている。パソコンのアプリで個別に最適化されたドリル学習を行わせることによって、教員数の削減を実現したという。子どもがアプリで学習している間は、教員免許をもつ教員の代わりに、子どもがパソコンの前に座っているかどうかを監督するだけのアルバイトを配置して、教員数を減らす仕組みである。

この学校方式を推進しているのは、教育費を削減したい財政当局と、パソコンやアプリを開発販売するＩＴ企業である。学校の理事名簿には、ＩＴ企業の重役が名を連ねている。企業は学校とタイアップすることによって、アプリの開発に必要なデータを収集しつつ安定的にＩＴ機器を販売できる。財政当局は、教員数を減らして予算を削減できるという仕組みである。また、この方式が普及しているのは、財源の乏しい地区であることも確認しておく必要がある。「ロケットシップ」の学校グループに子どもを通わせる家庭の七七パーセントは、アフリカ系などのマイノリティである。

こうしたアメリカの先行事例をみれば、日本においても今後は、IT技術の活用を前提に、教員数をさらに削減しようとする議論が聞かれるようになることが予想される。もちろん、IT技術の効果的な活用は促進される必要がある。しかし、もしもIT機器の導入によって人間の教員を削減するとしたら、以下二点を十分に考慮しておく必要がある。

まず考慮すべきは、教員を奪われるのは誰か、という視点である。「ロケットシップ」が経営する公設民営学校の事例は、地理的、経済的、文化的に不利な境遇の子どもたちから、真っ先に教員が奪われていくことを端的に示している。いうまでもなく、富裕層や中産階層の人々が子どもを通わせる学校は、IT技術を導入したからといって、教員を削減したりしない。ITへの投資は当然のこととして、そのうえでさらに優秀な教員を雇用しようとしている。教育は人なり、という原則を十分に理解しているからである。

もう一つ考慮すべきなのは、子どもの発達段階である。例えば、成人した大人が資格試験に合格したいという高いモチベーションをもって学ぶような場合は、教員との対面授業を削減し、オンデマンドで録画授業の映像を見たり、生成AIに質問したりしながら学習する方法も有効な選択肢の一つになるだろう。

しかし、幼稚園児や小中学生の場合はどうだろう。幼稚園や学校における学習や授業は、知識の伝達と獲得だけでなく、子どもが人格を形成していく過程そのものである。実際のところ、アメリカでは二〇二〇年度から二一年度まで、新型コロナウィルス感染症の拡大のために、多くの地域で公立学校が一年間閉鎖され、オンラインのみの授業が実施された。オンラインだけで授業が行われた結果、子どもの学習や心身の健康、社会性の発達に様々な負の影響が生じていたことが実証的に明らかになってきている。

アップル社の創業者スティーブ・ジョブズは、自分の子どもに対してテクノロジーに触れる時間を制限していたという。IT機器を教員の代わりとして活用する場合は、子どもの発達段階に即して丁寧に議論される必要がある。

IT機器の導入によって人間の先生が削減され、子どもの学習が人間同士のコミュニケーションから疎外されていくのなら、本末転倒の結果を招くだろう。生成AIが人間の道具であり続ける限りは——SF映画のように、人間の心をもち人間と見分けがつかないアンドロイドが出現するようになるなら話は別かもしれないが——その技術が高度で複雑になればなるほど、むしろ生成AIの仕組みや使いこなし方を、子どもにきちんと教えられる人間の重要性が高まるに違いない。その時に、「選択と集中」という理念によってエリート層の子どもたちに優先的に教員が配置されるのか、それとも教育の機会均等という理念によってどんな子どもにも教員が配置されるのかが、大きな争点になるだろう。

論点③　教員数の決定方法をどうするか

第三の論点は、教員数の決定方法をどうするかである。日本では、学級を単位指導集団として位置づけることで、学校規模と学級数に応じて教員数を算出する方式を採用してきた。今後この方式をどうするのか、丁寧な議論が求められる。

一学級に担任を一人置くという現在の算出法の基本は、一斉授業方式を暗黙の前提としている。しかし、近年では一斉授業方式からの脱却が目指され、子どもが個別に探究的な学習活動を行い発表する授業方法が求められるなど、その前提が揺らいでいる。また、子どもの貧困や虐待、発達障害、食物アレルギーへの対応など、子ども一人一人への指導や支援が高度化・多様化するにつれ、担任一人で学級全員に対応するには、仕事量が多くなりすぎている。

さらに、学級を生活集団として編制する方法も、ひとたび人間関係が悪化した時に逃げ場のない環境になりやすいため、課題も大きい。いじめ問題対策の一環として、生活集団としての学級編制を廃止する試みも各地でなされてきた。だが、どの学校でも長続きせず、学級制度をいきなり根本から解体することも容易でないことが明らかになってきた。

しかし、だからといって、アメリカやイギリスの教員数決定方式を、そのまま導入できるわけではない。そもそも日本では財源が足りなかったため、アメリカ方式の導入を断念した経緯があった。

それゆえ、海外から高く評価されてきた日本の教育課程や教育方法の利点も残しながら、教員数を算出する日本流の方法をどう改善していくか、さらなる研究と丁寧な議論が求められる。すでに専門家の間では、第2章でみたような、級外の先生の数を増やす(「乗ずる数」の改善)方法や、スクールカウンセラーやスクールソーシャルワーカーなどの教員以外の専門職の配置を必須化していく方法、あるいは教員一人あたりがもつ授業時間数を基本にする方法などが検討されており、議論の高まりが期待される(末冨 二〇一六、山﨑他 二〇一七、浜田 二〇二四)。

論点④ 教員の待遇をどうするか

第四の論点は、労働力人口が減少するなかで、教員の数を確保するためにどのような待遇を準備できるかである。

この二〇年間、日本の教員政策は、アメリカやイギリスのように、市場原理にもとづく政策へ転換してきた。しかし、日本が模範とするアメリカ、そして本書で触れなかったが、イギリスの公立学校では、日本よりもずっと深刻な教員不足が続いており、教員免許をもたないどころか四年制大学を卒業していない人たちが教師になっているような状況である。少なくとも、教員の数を確保する観点からは、教員政策の模範とするには難がある国々だといってよい。

日本は英米と異なり、教員数を確保し、しかも大卒かつ教員免許を保持する教員を安定的に供給してきた。さらに、山間部や離島も含めた全国にその教員を配置してきた。

すなわち、日本は終戦直後から、戦前の師範学校に源流をもつ国立教員養成系大学・学部において教員免許保持者を計画的に養成し、教員志願者を安定的に供給してきた（計画的養成）。と同時に、非養成系の一般大学においても教員免許を取得できるようにして、教育を専攻しない広領域から学生を教職に誘（いざな）い、教員の多様性を担保しようとしてきた（開放制養成）。

しかも、ただ教員需要を満たすだけでなく、学校種別・教科別に教員免許取得プログラムを設置し、教員免許の専門性を確立しながら、免許保持率もほぼ一〇〇パーセントを達成してきた（相当免許状主義）。さらに、国の政策によって教員給与の地域格差を縮小し、へき地にも教員をきちんと配置できるようにしてきた（広域人事制度）。

これらの制度を可能にしていたのが、教職の待遇であった。大学進学率が一割未満だった終戦直後から、教職に就く人には、大学卒業と教員免許取得の両方を求める代わりに、地方公務員としての安定的な雇用と待遇を用意した。しかし、それでも四年制大学の卒業者から教員になる人を確保するのは困難で、ベビーブーム期にかけて教員不足は続いた。そのため、一九七〇年代には、一般公務員よりも基本給を上げるとともに(人材確保法)、時間外労働には教職調整額という特別制度を導入したのである(給特法)。この二法の総合的評価は別稿に譲るが、ベビーブームで教員需要が急増する時期にも、これらの政策努力を続けてきたのである。

つまり日本は、教員に相応の待遇を準備するとともに、少しずつ教員数を改善する計画を続けることで、単に教員の数を揃えるだけでなく、大卒に加えて学校種や教科に即した教員免許をもつという意味での「質」を担保した教員を確保し、さらにそれを全国に配置するという、量と質と配置という三つの課題を一九七〇年代に達成していたのである。

そのため、日本の教員政策は世界から高く評価されていたが、この評価を世界で最も理解していなかったのが、実は日本だったのではないか。二〇〇一年以降は、長年の努力によって築いてきた、教員数を確保するための政策をことごとく中止してしまった。さらには、教員の仕事を大幅に増やしたのに、教員数を増やしたり教員の処遇を改善したりする施策を行わなかった。むしろ逆に、教員数を削減し給与や待遇を切り下げてきた。

論点⑤ 教員の数をどう確保するか

第五の論点は、教員の数をどう確保するかである。以下三点についての議論が求められる。

第一に、日本の二〇〇一年以降の教員政策の成否をきちんと検証し、議論する必要がある。

この二〇年以上の教育改革の結果、教員不足が深刻化する事態となったことを、どう分析し評価するのか。いままでの教員政策をエビデンスにもとづいて検証する必要がある。

第二に、教員の権利と身分をどのように保障するかを議論する必要がある。日本の公立学校教員は、地方公務員として安定雇用されてきた。その一方で、職務上の義務だけでなく、守秘義務や政治的行為の制限、兼業の制限といった身分上の義務も様々に求められてきた。信用失墜行為も禁止され、一般よりも相当に高い倫理性も要求されている。また、労働三権も一部制限されてきた。

ところが、近年では非正規化が進み、雇用や身分保障が崩されてきた。教職は、重い義務が課され権利も制限されているのに、相応の待遇が伴わない不遇の職業になりつつある。私たちはこれから教員に何を期待し、その期待に見合う待遇をどう準備するのかが論点となる。

第三に、教職の専門性をどうとらえ、教員の採用基準をどう設定するかを議論する必要がある。文科省は、教員は「高度専門職業人」であり、医師のように子どもの命まで預かる仕事だから教員免許取得は必須であり、しかも教員免許取得に必要な準備教育の水準をますます高める必要があるだろう、という立場である。世界的にも、大学院修士号の取得を教員に求める国も増えており、日本でも民主党政権の時、大学院修了を義務づける案も検討されていた。

一方、財務省や経産省は、教職は優秀な社会人が各業界で培った専門性を応用すれば務まる仕事であり、その方が教員を丁寧に養成するよりもずっと低コストで効果的な教育活動が展開されるだろうという立場である。しかも、兼業や副業も含めて多様な働き方を推奨する立場から、教職についても他業種の人々が兼業や副業として参入できるようにすれば、人手不足も解消できると考えられている。つまり、教員免許は社会人が教職に参入するための障壁として認識され、撤廃するのが望ましいということになる。

以上の対立の結果、現状では、教員免許取得のハードルを上げる政策の一方で、免許をもたない社会人を積極的に登用する政策が同時に進んでいる。しかし、相矛盾する政策が並列し続けるのは不適切である。今後の政策をどの方向で進めるのかが、重要な論点となる。

いずれにしても、その議論の際には、これから若年労働力が減っていく日本社会で、どのように教員の数を安定的に確保し供給していくのか、という視点が欠かせない。教員の数が足りなくなれば、質の問題は二の次にならざるをえないからである。もしも教員を丁寧に養成するのを止めて、産業界から優秀な人材を登用する政策に変えるなら、安定供給がどこまで可能か、労働市場において教職の待遇は競争力をもてるのか、などを慎重に議論する必要がある。

論点⑥　教育予算をどうするか

第六の論点は、教員を雇用するための財源をどうするか、である。

日本ではこの二〇年間、緊縮財政を前提に、教員数を削減する政策が続けられてきた。子ども一人あたりの教員数を増やすという提言をするなら、財源をどう確保するかが課題となる。

ただし、緊縮財政の中でも軍事支出は増加を続け、二〇二二年には六兆円を突破した。二〇二二年末、岸田文雄首相(当時)は、二〇二七年度の防衛費を約九兆円(防衛省以外の省庁の防衛関係費を含め約一一兆円＝GDP(国内総生産)比二パーセント程度に相当)に増額すると表明した。その際、岸田首相は浜田靖一防衛相(当時)に、「予算は財源がないからできないということではなく、様々な工夫をしたうえで必要な内容を迅速にしっかり確保する」よう指示したという。

つまり教員不足への対応が、本当に「必要な内容」だとして政策課題に上がれば、「財源がないからできない」ということにはならないはずなのである。多くの政策課題の中で、教育の優先順位をどうするか、広い視野での議論が求められる。

論点⑦　今後も公務員数を削減し続けるのか

七つ目の論点は、今後も公務員数を削減し続けるのかである。

教員不足が生じた背景には、一九九〇年代以降の地方公務員の削減計画があった。特に二〇〇六年以降の行政改革推進法によって、わずか五年間で二三万人の地方公務員が削減された。教員を中心とする教育部門は全体の四割弱を占めるため、真っ先に削減の対象とされたのである。財政再建のためには公務員の削減はやむをえないというのが、この二〇年間の政策理念だったといえる。

その一方で、そもそも日本の公務員数は少なすぎるという指摘もある。例えば、政治経済学者の前田健太郎は、二〇〇〇年代の行政改革による公務員削減のずっと以前から、国家公務員・地方公務員ともに、日本は欧米諸国に比べれば少なかったことを指摘している。それは、日本が公務員の労働基本権を制約し、その代償として人事院勧告にもとづく給与制度を創設したことに起因するという。つまり日本では、公務員から労働基本権を奪い、その代わり人事院勧告によってその給与を保護することにした。皮肉なことにその結果、政府は公務員の給与を不当に抑制する手段を失ったため、どんなに必要でも公務員の数をあえて増やさない道を選んできたのだというのである(前田 二〇一四)。

前田はさらに、日本が世界でも有数の「市民を雇わない国家」であることと、日本で社会経済的地位に大きな男女格差があることは密接に関係しているとも指摘する。例えば、北欧諸国が公共部門における雇用を通じて、女性の社会進出を促進したのに対して、日本の公共政策では主に男性が雇用され、女性は家庭内に留められてきたというのである。

確かに日本では二〇〇〇年代以降も、保健師や図書館司書、児童虐待や家庭内暴力の相談員といった、女性が多い職種を非正規雇用に転換するかたちで、公務員の削減が進められた。地方自治総合研究所研究員の上林陽治は、いまや都道府県公務員の三割、市区町村では五割近くが非正規となっている現状を指摘している（上林 二〇二一）。

保健師や保育士、教員など、人々の健康で文化的な生活を支える職種が、これからも削減されたり、非正規化されたりし続けることが、はたして妥当なのかが重要な論点となるだろう。

論点⑧ ケア労働を社会にどう位置づけるか

総じて、教育や福祉や保健などが、なぜこれほどに軽視されるのかが大きな論点となる。この点は、近年の持続可能な社会のあり方を模索する諸研究や、ケアの倫理に関する諸研究、フェミニズムやジェンダー研究の領域等で盛んに議論されてきた。私たちの社会では、デヴィッド・グレーバーが「ブルシット・ジョブ（クソどうでもいい仕事）」（グレーバー 二〇二〇）と呼ぶような仕事が高収入を得られるのに対し、子育てや教育、看護や福祉などの人間をケアする仕事は、低い社会的地位に留め置かれてきた。

しかも、ケア労働の研究者ナンシー・フォーブレは、ケア労働を担う人々や、ケア労働に関わるセクターが、ケア労働を行うことで逆に、社会的・経済的に不利な立場に置かれることを、「ケア罰（care penalty）」という表現で指摘している（Folbre 2002）。

何十年も少子化問題が放置されてきたこと、保育士や教員の社会的地位が低いこと、教育に予算がつかないこと、大学で教育学部が統廃合されてきたこと、霞が関における文科省の政治力が相対的に弱いと指摘されることも、それらがケア労働に関わる事柄・組織であることと関係している。

ケア労働が正当に評価されないツケは、結局、私たち全員が負うことになる。例えば二〇二〇年に新型コロナウィルス感染症が大流行した時に、保健師はすでにピーク時の半数近くに削減されており、また公的医療機関の医師や看護師も、さらに学校の教員も削減されていた。もし医療や福祉、教育にもう少しでも資源が配分されていたなら、もっと多くの命が助かったかもしれないし、多くの子どもが負わされたダメージも、もう少し軽くてすんだかもしれない。

ケア労働を担う人々や組織をどのように社会に位置づけ、どのように待遇するかは、私たちの生活と切り離せない重大な問題である。教員不足問題を解決するためには、この問いに丁寧に向き合い、社会全体で議論していく必要がある(岡野・佐久間 二〇二三、岡野 二〇二四)。

教員不足対策はまさに現在進行形の政策であり、本書で記したデータや政策状況は、読者がこの文章を目にしている時には変化していることと思う。それでも、本章で記した大きな論点については、今後長い時間をかけてしっかり議論される必要があることは変わらないだろう。

おわりに

教育について議論することは、とても難しい。しかも、それがどれほど難しいかをきちんと理解することこそ最も難しい。教育論議や教育改革がいかに不毛で生産性がないかを論じた教育書だけで、一つのジャンルを形成しているくらいである。

教育にどのような価値を見出すか、何のために、どのように子どもを育てようとするかは、人によっても、国や文化によっても大きく異なる。しかも、その価値が相反する場合も多い。そのうえ、大切にされる価値は時代によっても変わっていくため、時代が変わるごとに教育改革の目標は揺れ続ける。近年では価値の対立も激しさを増していて、公立学校も一般の人たちも、めまぐるしく変わる教育改革にますます振り回されるようになっている。

私の恩師デイヴィッド・ラバリー(David Labaree スタンフォード大学名誉教授)は、どうしてこうなってしまうのかを、歴史研究を通じて的確に分析している。ラバリーによれば、アメリカの教育改革が成功したのは一九世紀初頭の公立学校設立運動だけで、それ以降はずっと失敗し続けている。なぜなら今までのアメリカの教育改革は、社会のため(民主的平等)、経済のため

（経済的効率性）、個々人の立身出世のため（階層移動）という三つの目標の組み合わせで行われてきたが、これら三つの関係は複雑で、三つ同時には達成されない目標だからだというのである。

特に、二一世紀になって以降の教育改革は、経済的な目的のために改革が行われているのに、それを政治的レトリックで説明している点に特徴があると、ラバリーは言う。例えば学校選択制は、教育を私財と見なして公教育費の削減を目指す経済的改革なのに、黒人やマイノリティの不平等を解消するための改革だと説明されたため、改革でむしろ不利な立場に置かれるはずの人々から熱狂的な支持を得たというのである(ラバリー 二〇一八)。第8章で紹介した「ロケットシップ」の学校はまさにこの事例だといえるだろう。

本書で私は、ラバリーの言う社会的価値・経済的価値・個人的価値のどれもが重要だと認めたうえで、近年の日本では教育の社会的価値に対する認識が弱くなりすぎているという立場に立つ。つまり私は、公立学校はみんなのものであり、民主主義社会を築くための公共財であるという考えに立ち、そのうえで公立学校の教員不足の問題を考えようというスタンスをとっている。経済最優先の今の日本社会では、この議論の前提そのものが支持されないのかもしれない。しかしそれでもなお、議論や改革の前提そのものが異なるのだという共通理解が生まれるのなら、それが多少なりとも本書のなし得る貢献なのかもしれないとも思う。読者からの反応を待ちたい。

本書の執筆は多くの方との出会いやその助けなくしてはあり得なかった。

教員不足の調査に私が本格的に取り組むきっかけになったのは、元小学校教員の島﨑直人さんとの出会いである。二〇一九年、ウェブメディア「論座」に私が書いた「先生が足りない！」という連載記事を、島﨑さんが読み、自分のデータを役立ててもらえないかと連絡をいただいたのが最初だった。本書で扱った調査は、島﨑さん自身が特別の許可を得てアクセスしたデータが核になっている。またインタビュー調査も、島﨑さんの人脈があってこそ実現したものである。彼は、長年の現場経験の中で、教師たちや校長、さらには市区町村教育委員会、県教育委員会に至るまで、幅広い人々から信頼されており、その知見と人柄なくしては、この調査は不可能だった。

私の主な役割は、島﨑さんの実践知を、外界に通じるように翻訳し、学術的な調査へと組み直すことだった。当初は、島﨑さんの使う「業界用語」が多義的すぎて私には意味が伝わらないなど、お互いに困惑するところから出発したが、ああでもない、こうでもないと議論を重ね、データを検討しながらその意味を解釈していく「ゼミ」での過程は、実にスリリングで楽しいものだった。共著論文の成果を本書に用いることもご快諾いただいた。島﨑さんには、感謝の気持ちでいっぱいである。島﨑さんを私に紹介してくださった朝日新聞社の氏岡真弓記者にも、御礼を申し上げる。

さらに、この調査データは、教員不足の実態を明らかにしたいという私たちの思いを理解し共有し、万一の場合は責任を問われるかもしれないリスクを承知のうえで、忙しいなか調査に協力してくださった教育委員会の関係各氏の使命感の賜である。学校教員と行政は鋭く対立するものだという五五年体制下の認識枠組みでは、いま学校で何が起きているかを理解することはできない。それぞれの持ち場で、最善を尽くそうとする教育行政関係者の努力にも、心からの敬意と感謝を捧げたい。本書は、こうした皆さんの思いを、少しでも世の中に伝えることができているだろうか。

島﨑さんと同様、「論座」の記事を見て、誰よりも早くこのテーマで本を書いてほしいと連絡をくださったのが、岩波新書編集部の清宮美稚子さんだった。清宮さんとは、彼女が雑誌『世界』の編集部員だった二〇〇七年に「なぜ、いま教員免許更新制なのか――教育ポピュリズムにさらされる教師たち」(六月号)という論稿を掲載していただいたご縁があった。この論稿で私は、教員免許更新制の導入に象徴される教員バッシングは、長期的にみて教員の成り手を失わせ、学校教育の基盤を損なうだろうと書いていた。残念ながら、この原稿で心配したことのほとんどが、現実になってしまっている。本書は、教職論という意味では、この原稿の続編ともいえるものである。

その依頼をいただいた直後にコロナ禍に見舞われ、あれこれ忙殺されて、なかなか執筆に取り組めないでいた私に、改めてお声がけいただき、励まし続けてくださったのが、同編集部の田中宏幸さんだった。田中さんは、信じられないほど丁寧に私の原稿にコメントをくださり、不安がる私を後押しして本書を刊行まで導いてくださった。お二人には、なんと御礼を伝えたらよいかわからない。

久保富三夫先生(和歌山大学名誉教授)には、お忙しいなか時間をとって第一読者になっていただいた。私が予想もしないほど緻密に、拙い原稿を読み込んでくださり、貴重な資料を提供してくださったうえで、これ以上ないほどの有益なコメントをお寄せくださった。久保先生は、学校教員が自ら学ぶ機会をいかに保障するかに人生を捧げてこられた方であり、先生の研究や後進の研究者に対する真摯な姿勢には、頭が下がるばかりである。また、カリフォルニア州の学級編制の実態については、サンフランシスコ在住の公立小学校教員である田中淳子先生が熱心に原稿を読んでくださり、現職教員の立場から事実確認と情報提供をしてくださった。お二人に心から御礼を申し上げたい。

さらに、慶應義塾大学社会学研究科教育学専攻の院生のみなさん、特に佐久間ゼミに現職教員として在籍し学んでおられる谷保裕子さん、中曽根力さん、そして授業研究会「第三土曜の会」の仲間たちにも、率直な意見や感想を寄せてもらった。本書に記した二〇〇一年以降の教員政策の流れは、二〇〇〇年に常勤職を得た私の大学教員としての歩みと重なっている。時には途方もない無力感に苛まれつつも、私がなんとかやって来られたのは、こうした仲間たちの支えがあったからにほかならない。人生を共に歩む素晴らしい仲間たちに、この場を借りて改めて感謝の気持ちを伝えたい。

本書の執筆は、慶應義塾大学福澤留学基金によって与えられた研究専念期間なくしては叶わなかった。近年では研究専念期間はどんどん削減される傾向にあるが、教員にとってサバティカルは必要不可欠だと痛感させられている。教員の研究環境を守ろうとする伝統を受け継いでくれる勤務先と、不在中に仕事を肩代わりしてくれた同僚に、本書を捧げたい。

最大の支えは家族だった。夫は、いつも仕事の山に押しつぶされそうになっている私を、結婚してから三〇年間ずっと支え、黙々と家事を担い、私の原稿に的確なダメ出しをしてくれる。娘は、公立学校に通う子どもの立場からいつも堂々と新鮮な意見を伝えてくれて、こんなヘロヘロの母でもそのままでいいよと言ってくれる。今回も、二人の支えなくしてはこの本は完成しませんでした。心から、ありがとう。

二〇二四年八月

佐久間亜紀

察――義務標準法「乗ずる数」に着目して」『日本教師教育学会年報』第32号，2023年b，135-147頁.
山﨑洋介・杉浦孝雄・原北祥悟・教育科学研究会編『教員不足クライシス――非正規教員のリアルからせまる教育の危機』旬報社，2023年.
山﨑洋介・ゆとりある教育を求め全国の教育条件を調べる会編著『本当の30人学級は実現したのか？――広がる格差と増え続ける臨時教職員』自治体研究社，2010年.
山﨑洋介・ゆとりある教育を求め全国の教育条件を調べる会『いま学校に必要なのは人と予算――少人数学級を考える』新日本出版社，2017年.
ラバリー，デイヴィッド『教育依存社会アメリカ――学校改革の大義と現実』倉石一郎・小林美文訳，岩波書店，2018年.
Boyd, D., Grossman, P., Lankford, H., Loeb, S. & Wyckoff, J., 'Teacher preparation and student achievement', *Educational Evaluation and Policy Analysis*. Vol. 31(4), 2009, pp. 416-440.
Burns, M., Copland, R. L. & Hammond, T. I., *The Female Precariat: Gender and Contingency in the Professional Work Force*, Montreal, Universitas Press, 2019.
Folbre, Nancy, *The Invisible Heart: Economics and Family Values*, The New Press, 2002.
Labaree, David F., *How to Succeed in School Without Really Learning: The Credentials Race in American Education*, New Haven, Yale University Press, 1997.
Nguyen, T. D., Lam, C. B. & Bruno, P., 'Is there a national teacher shortage? A systematic examination of reports of teacher shortages in the United States' (EdWorking Paper, pp. 22-631), Annenberg Institute at Brown University, 2022.
Pont, B., Gouëdard, P., Donaldson, G. & Jensen, B., *Education Policy in Japan: Building Bridges towards 2030*, Paris, OECD Publishing, 2018.
Standing, G., *The Precariat: The New Dangerous Class*, London, Bloomsbury Publishing, 2014.

克』東京大学出版会，2017 年.
佐久間亜紀・佐伯胖編著『現代の教師論』(アクティベート教育学 02) ミネルヴァ書房，2019 年.
佐久間亜紀・島﨑直人「公立小中学校における教職員未配置の実態とその要因に関する実証的研究——X 県の事例分析から」『教育学研究』第 88 巻 4 号，2021 年 8 月，558-572 頁.
佐藤三樹太郎『学級規模と教職員定数——その研究と法令の解説』第一法規，1965 年.
末冨芳「義務教育における「標準」の再検討——基礎定数改革の困難と展望」『日本教育行政学会年報』第 42 巻，2016 年，36-52 頁.
髙橋哲『聖職と労働のあいだ——「教員の働き方改革」への法理論』岩波書店，2022 年.
内藤誉三郎『教育財政』誠文堂新光社，1950 年.
中井久夫『災害がほんとうに襲った時——阪神淡路大震災 50 日間の記録』みすず書房，2011 年.
ハーグリーブス，アンディ／フラン，マイケル『専門職としての教師の資本——21 世紀を革新する教師・学校・教育政策のグランドデザイン』木村優・篠原岳司・秋田喜代美監訳，金子書房，2022 年.
パットナム，ロバート・D.『われらの子ども——米国における機会格差の拡大』柴内康文訳，創元社，2017 年.
浜田博文「教員一人当たりの持ちコマ数の削減を」中嶋哲彦・広田照幸編著『教員の長時間勤務問題をどうする？——研究者からの提案』世織書房，2024 年.
堀内孜『学級編制と地方分権・学校の自律性』多賀出版，2005 年.
前田健太郎『市民を雇わない国家——日本が公務員の少ない国へと至った道』東京大学出版会，2014 年.
前田麦穂『戦後日本の教員採用——試験はなぜ始まり普及したのか』晃洋書房，2023 年.
山﨑洋介「公立小中学校非正規教職員に関する考察——法制度的類型と量的動向」『教育学研究』第 90 巻 3 号，2023 年 9 月 a，448-460 頁.
山﨑洋介「公立小中学校の長時間過密労働と教員定数算定に関する考

参考文献

青木栄一『地方分権と教育行政——少人数学級編制の政策過程』勁草書房，2013年.
井深雄二『現代日本教育費政策史——戦後における義務教育費国庫負担政策の展開』勁草書房，2020年.
岡野八代『ケアの倫理——フェミニズムの政治思想』岩波新書，2024年.
岡野八代・佐久間亜紀「対談 公教育再考——ケアをめぐる政治学と教育学の交差」佐久間亜紀・石井英真・丸山英樹・青木栄一・仁平典宏・濱中淳子・下司晶編『公教育を問い直す』(教育学年報14)世織書房，2023年.
小川正人「県教育委員会における「義務標準法」の運用と教職員配置の実際」『東京大学大学院教育学研究科教育行政学研究室紀要』第20号，2001年，153-161頁.
金子真理子「非正規教員の増加とその問題点——教育労働の特殊性と教員キャリアの視角から」『日本労働研究雑誌』第56巻4号，2014年4月，42-45頁.
唐沢富太郎『教師の歴史』創文社，1955年.
苅谷剛彦『なぜ教育論争は不毛なのか——学力論争を超えて』中公新書ラクレ，2003年.
上林陽治『非正規公務員のリアル——欺瞞の会計年度任用職員制度』日本評論社，2021年.
木村育恵・中澤智恵・佐久間亜紀「国立教員養成系大学の学生像と教職観——東京学芸大学における教員養成課程と新課程の比較」『東京学芸大学紀要 総合教育科学系』第57号，2006年2月，403-414頁.
久保富三夫『教員自主研修法制の展開と改革への展望——行政解釈・学説・判例・運動の対立・交錯の歴史からの考察』風間書房，2017年.
グレーバー，デヴィッド『ブルシット・ジョブ——クソどうでもいい仕事の理論』酒井隆史・芳賀達彦・森田和樹訳，岩波書店，2020年.
佐久間亜紀『アメリカ教師教育史——教職の女性化と専門職化の相

佐久間亜紀

1968年東京生まれ
早稲田大学教育学部卒業．東京大学大学院教育学研究科博士課程単位取得退学後，博士(教育学)．東京学芸大学准教授，上越教育大学准教授，スタンフォード大学客員研究員などを経て現在，慶應義塾大学教職課程センター教授．日本教育学会・日本教育方法学会・日本教師教育学会理事
専門は教育学(教育方法学，教師教育，専門職論)
著書に『アメリカ教師教育史』(東京大学出版会，第13回平塚らいてう賞受賞)，共編著に『公教育を問い直す』(世織書房)，『現代の教師論』(ミネルヴァ書房)，共著に『教員不足クライシス』(旬報社)，『教育論の新常識』(中公新書ラクレ)など

教員不足
——誰が子どもを支えるのか　　岩波新書(新赤版)2041

2024年11月20日　第1刷発行
2025年4月4日　第3刷発行

著　者　佐久間亜紀(さくまあき)

発行者　坂本政謙

発行所　株式会社 岩波書店
〒101-8002 東京都千代田区一ツ橋2-5-5
案内 03-5210-4000　営業部 03-5210-4111
https://www.iwanami.co.jp/

新書編集部 03-5210-4054
https://www.iwanami.co.jp/sin/

印刷・三秀舎　カバー・半七印刷　製本・中永製本

ISBN 978-4-00-432041-8　　Printed in Japan

岩波新書新赤版一〇〇〇点に際して

ひとつの時代が終わったと言われて久しい。だが、その先にいかなる時代を展望するのか、私たちはその輪郭すら描きえていない。二〇世紀から持ち越した課題の多くは、未だ解決の緒を見つけることのできないままであり、二一世紀が新たに招きよせた問題も少なくない。グローバル資本主義の浸透、憎悪の連鎖、暴力の応酬――世界は混沌として深い不安の只中にある。

現代社会においては変化が常態となり、速さと新しさに絶対的な価値が与えられた。消費社会の深化と情報技術の革命は、種々の境界を無くし、人々の生活やコミュニケーションの様式を根底から変容させてきた。ライフスタイルは多様化し、一面では個人の生き方をそれぞれが選びとる時代が始まっている。同時に、新たな格差が生まれ、様々な次元での亀裂や分断が深まっている。社会や歴史に対する意識が揺らぎ、普遍的な理念に対する根本的な懐疑や、現実を変えることへの無力感がひそかに根を張りつつある。そして生きることに誰もが困難を覚える時代が到来している。

しかし、日常生活のそれぞれの場で、自由と民主主義を獲得し実践することを通じて、私たち自身がそうした閉塞を乗り超え、希望の時代の幕開けを告げてゆくことは不可能ではあるまい。そのために、いま求められていること――それは、個と個の間で開かれた対話を積み重ねながら、人間らしく生きることの条件について一人ひとりが粘り強く思考することではないか。その営みの糧となるものが、教養に外ならないと私たちは考える。歴史とは何か、よく生きるとはいかなることか、世界そして人間はどこへ向かうべきなのか――こうした根源的な問いとの格闘が、文化と知の厚みを作り出し、個人と社会を支える基盤としての教養となった。まさにそのような教養への道案内こそ、岩波新書が創刊以来、追求してきたことである。

岩波新書は、日中戦争下の一九三八年一一月に赤版として創刊された。創刊の辞は、道義の精神に則らない日本の行動を憂慮し、批判的精神と良心的行動の欠如を戒めつつ、現代人の現代的教養を刊行の目的とする、と謳っている。以後、青版、黄版、新赤版と装いを改めながら、合計二五〇〇点余りを世に問うてきた。そして、いままた新赤版が一〇〇〇点を迎えたのを機に、人間の理性と良心への信頼を再確認し、それに裏打ちされた文化を培っていく決意を込めて、新しい装丁のもとに再出発したいと思う。一冊一冊から吹き出す新風が一人でも多くの読者の許に届くこと、そして希望ある時代への想像力を豊かにかき立てることを切に願う。

（二〇〇六年四月）